逛

谈资　主编

成都时代出版社
CHENGDU TIMES PRESS

序 *PREFACE*

谢谢你们年轻的眼睛和心

/ 潘媛

一个周末，我穿越不断发胖的城市，沿着天府大道往南，抵达湖边的 A4 美术馆，去听学者葛剑雄讲"移民与城市文化"。

葛老的理论一言以蔽之，人口是文化最活跃的载体。不断建造的楼宇，不断涌入的人口，在他看来，如今的成都已经面貌全新。"新成都不仅仅只有火锅、小吃、美女、休闲生活，还有拐着腔说自己是成都人的新成都人。"

在那次讲座上，我很自然地想到我们做过的一期选题——关于新成都人。推文的开头写道：你觉不觉得"我们"这两个字有点甜？"我们娃娃就是不爱吃菜叶子""我们珍珠今天又把家里沙发抠了两个洞洞"，一个东西前面加上"我们"，就有一种占有和归属感。

成都软绵又博大，是包容性和吸附性都很强的城市。在这儿待久了，不是成都土著也会脱口而出"我们成都……"。这些朋友，我们就称为"新成都人"。

在这篇推文下面，上百条留言讲述了自己来成都多久以后，在哪一个瞬间，嘴里的"你们成都"，自然而然地变成了"我们成都"。

老实说，这些故事，真的看得我们眼流花儿包起——"眼流花儿包起"，这个说法本身就很成都，一点柔软，半分调侃，把表露感情的事情说得举重若轻——因为我们自己大部分就是这样的"新成都人"。团队中更大比例的年轻人是来自成都以外的小孩。他们有的在成都读完大学，留了下来；有的因为路过成都喜欢成都，留了下来；有的因为恋爱，哪怕是后来分开，也留了下来。

所以，他们观察成都，用的是"新成都人"的眼睛。这是一种杂糅的感觉：比土著更好奇，比过客更持久；对旧的不准备排斥，对新的有认同感。

而我在观察他们。我得到的最重要的结论是：这或许是一个前所未有的壮阔时代，但每个人（个体）却变得更重要。

跟我一起工作的年轻人喜欢从更小的切口进入城市生活：比如成都人回答不起问题的时候一般都说啥子，为什么说每个小区门口都有碗全成都最好吃的素椒炸酱面……他们找火锅店的排号员和全兴队的守门大爷打听江湖故事。在菜市场他们发现，别人买菜就买菜，成都人还要顺带捏把花回家。同时，没有一个婆婆、爷爷的黄桷兰、鸡毛毽子、煮花生会滞销。

他们带着新的眼光去重新发现更为复杂的长顺街、致民路、华兴街。30 平方米、不当街，他们记录了很多这样小而美的店，也找到深藏在城市褶皱里的、卖了 28 年的盒饭和 33 年的拌菜。

这样的观察还具有持续性，比如有一天，他们找了两个街娃，把保利中心从一楼到二十一楼喝穿了，喝到无楼可攀为止。后来酒吧从魔方大厦里撤退了，他们又做了一期《保利，散场》。

有时候这些观察会被物化、存留，反向成为城市的一景、被观察的对象。年轻人发现，当代都市里，集体微醺成了一种表达亲热、寻找同类的方式，于是诞生了《我，一个沉迷于微醺的成都人》《夏天常常喝断片，忧愁都消化在尿里了》。还有，在每一个流连过的酒吧厕所里自拍，竟然也成为一期大受欢迎的选题。他们乘兴做了一张酒吧地图，把成都几百家 Club、Pub、Bar、精酿馆分类整理集册，叫作《断片指南》。

紧接着，在著名的玉林西路，我的年轻的同事们操办了一个快闪展。两间十几平方米的小铺面，一间装酒后故事，一间卖酒。

谢谢玉林西路的街沿那么阔，那夜的风那么凉。前前后后一两百号人，大家都站在人行道上说话喝酒，摇着"喝酒去"的扇子，穿着"成都市内没醉过"的 T 恤，举着一次性塑料酒杯，聊天聊到断片，喝酒喝到眉来眼去。我们把捡来的一张按摩床放在路边，谁累了，谁就过去靠一会儿。

今年，这个动作被持续下去，新一场断片展被搬到了长顺街附近的一个老街区里。

从玉林西路到长顺街，这样的选择有点出人意料。关于这座城市古旧的肌理，年轻人似乎有一种特别的兴致。每周，1994 年出生的彭何，会去城市里某个被人忽略或者遗忘的角落，走走停停，观察人，发现故事。他的行走催生了专栏"乱逛"。"逛"这个动词本身，有一种晃晃悠悠的旧日气息。时光急，但彭何不急。

同时，他们乐于寻找这个城市里崭新的基因。在接触过好几个年轻团队之后，诞生了一个新的系列报道，叫作"了不起的_____"

这些了不起的年轻人，在成都设计出了漂亮的空间，拍出了漂亮的照片，画出了漂亮的插画，让这座城市有了惊喜，变得好看。最了不起的是他们都是 1990 年到 1995 年生人，领头的几乎都不足 28 岁。28 岁，已经三头六臂，独当一面。而我们这个编辑团队，平均年龄也差不多是 28 岁。

在三年的时间里，年轻人就这样兴致盎然地寻找了上千个故事、话题、人。

三年后，一种新的野心被偶然催生。

熟悉微信生态和阅读习惯的人都知道，一篇公众号推文，最强的生命力在 24 小时之内，普通的传播周期是三天，在公司内部，考核一篇稿件的传播数据，7 天截止。

然而，一篇《豌豆尖统治四川的盛世又到了》，在距离第一次传播差不多一年以后，仍然有人在后台留言——来自海外。为什么不把它留存下来？既然有这样的生命力在。

值得印刷，值得售卖，值得被油墨留存，值得被指尖摩挲。

关于成都，已经有了很多书，却难见一本可以做到：属性年轻，目光新鲜，立足当下，切口入微，维度丰富。

我们希望"@ 成都"能够做到。一个系列，五本书，从街区、人、城市性格、城市记忆等维度，整理集纳了谈资旗下公众号"成都 Big 榜"三年多以来创作的超过 100 篇、总计 30 万字的原创推文。@，表示基于互联网社交创作和传播的城市观察。同时，@ 也是 at，在某处，表示这样的观察位于成都。

@ 成都的观察还在继续。

新来的小孩丁赫，凌晨五点扛着四个从宜家买来的垃圾桶，去人来人往的春熙路收垃圾。几个小时里，他完成了一场以垃圾分类而起意的社会观察。

彭何仍然在走。他从社科院的人门出发，沿着一环路向右，沿着锦江河道再到武侯祠大街，经过耍都、锦里、体院，在成都的电子地图上走出了一颗心。

吴逸韵去医学美容医院的大厅坐了一下午；丁赫发现从天府广场地铁站到地面，有至少 56 种方法；贾茹在毕业季收集了 40 年里 65 张成都人的毕业照；李佳蓓执行完"早餐四川"，正在策划基于公交、茶馆、美甲店的"窃听城市"行动。

三年再三年。城市生长，他们也在生长。

谢谢李佳蓓、康筱韵、彭何、胡琴、贾茹、吕美真、陈修易、蒋佳芯、雷曜维、吴逸韵、丁赫、陈梦奇。每一个在成都 Big 榜的后台驻留过的人，或短或长。谢谢你们年轻的名字，谢谢你们年轻的眼睛和心。

2019 年 7 月于成都书院西街 17

《乱逛》

乱逛是无序的，是走到哪里就算哪里的，是想起哪里就逛哪里的。

成飞公园有 132 厂子弟最喜欢的孔雀梭梭板；马鞍北路，每到端午满街密密麻麻的粽子摊位；背后的菜市场藏在纵横交错的居民楼里，吸引着外国背包客；冬季，成都的植物园藏着热带的景象；夏天，三道堰的沿河绿道让人心生欢喜；桂花香的时候，就溜达去了桂花巷；等发现是春天了，就骑车走一趟崇州的重庆路……

这是一个特别的"90 后"，他用一年 300 万步串起成都的街、巷、菜市、场镇、园子、博物馆……知名的不知名的，热闹的寂寞的，都去逛一逛。在他的眼里，太古里和 Space 可能都不够酷，那些抵拢倒拐的地方，可能一不小心就藏着新大陆。

他还在继续逛。他说，成都，非走不能摸透；成都，就是用来逛的。

目 录

CONTENTS

● 我所以为的成都味道

突然要问成都的味道是什么，还真的挺难回答。重庆只能是火锅味道，一定要再加个前调，带着嘉陵江潮湿水气的牛油火锅味道可能比较恰当。甚至在某年国庆，在短暂停留了三四天之后，我也能大致说出杭州的味道。

十月的杭州是桂花香，从下高铁到晃荡在吴山夜市，又绕着西湖溜达到国美象山校区和灵隐寺，全都被桂花的香气笼罩。一个城市有这么大范围、统一的香味，是相当隆重且值得炫耀的事情。

桂花香其实也是成都味道的一种。这事我是在两三年前才突然真正有所领悟，"远香近臭"的心理作祟了相当长一段时间。分不清是高的还是低的品种先散发出来，但在旧历八月的某一天，可能周三接娃放学的下午四点，也可能是周五宿醉的凌晨两点，全成都的桂花不约而同开了。这种最具传统中国味道和意象的树木，从青瓦小院房前屋后的栽种，到精致小区里绿化的组成，一点都不违和。

最先闻到的是小区楼下那株。去单位食堂路上，我又闻到了爵版街院子里那株桂花的味道。它也可能是几株，长在楼和围墙之间不宽的空间，足见植种范围之广。香气一路未曾断过。今年，似乎还更加浓烈，就连一年到头难得发一次朋友圈的"高攀路蔡康永"都赶紧杵拢一枝，拍下来，然后再相当真诚地配上"真香"二字，我顺手点了个赞。

桂花已经算相当寻常的植物，嬢嬢爷爷些还是要约上三五好友，挑个太阳天专门找个园子摆起，美其名曰赏桂。这些都不过是成都人又一个想出去耍、和老友聚聚的借口。新都桂湖是老牌的成都赏桂花去处，论功行赏，第一个要赏的怕是明代著名学者杨慎。市中心的几大公园，每个都因为桂花的盛开人多了起来。

李劼人故居

当从城市的某个角落飘来第一缕桂花香的时候，这也是一个信号，在李劼人成都东门故居菱窠里的桂花也开了。李劼人在沙河堡附近的故居菱窠，虽说里面就那么几株桂花树，没有规模，但暗香时浓时淡，香气诱人。桂花开放时节，总有人要一年又一年再去一趟，尤其惦念那两株丹桂。菱窠是小众私藏的赏桂地，清雅幽静。

在一个上午，我从塔子山地铁站出来，距离李劼人故居还有两公里，桂花的淡雅香味和秋天的凉爽清风，一起扑面而来。想要找到沙河堡李劼人的故居，其实没那么容易。我面前是城东通往菱窠有起伏坡道的公路。这属于成都房地产市场炙手可热的攀成钢片区，周围高楼林立。菱窠是少有的还得以保留的小院。

沙河堡菱窠西路 70 号就是李劼人故居的确切位置，不管是当教授还是开饭馆，只要在成都，李劼人还是习惯在自家位于沙河边上的小院子菱窠里居住。顺着桂花香味，走到小小的入山，还得往巷子里走一截才是故居的大门。菱窠前面那块地儿，我去过好几次，每次都那么荒凉，仍在打造之中的状态，看起来应该是要修个和李劼人故居风格相匹配的商业区。听说最近终于成型（编者按：即今"东门市井"），有高背竹椅的茶铺是其中一个亮点，再去赏桂，怕是要闹腾许多。

此刻，被高楼和杂草包围的菱窠就像一个独立的世界。推开门便是中式风格的院坝，绿的草坪、低矮的灌木、粗壮高大的樟树，布谷鸟在枝头啼叫。等闻到越来越浓的桂花香味，来人才会发现，原来这儿还有两三株开黄白小花的银桂。要是在楼盘公园中，桂花早就被修剪成标准圆形树冠了。

李劼人故居厢房和卧室书房之间空地上的两株丹桂相隔不远，肆意生长。密密麻麻细小的花朵，铁锈般的颜色，香气逼人。厢房"浓香阁"的名字，估计是由这桂花而来。厢房旁边的角落是厨房，不知道先生看书写作累了，会不会采些桂花晒干，做成桂花糕点，邀请朋友分食。他是相当擅长做美食的。

菱窠桂花的香味应该从来没有变过。暗红色的柱子门廊，白色的墙面，不管是厢房还是卧室藏书室，都翻新过变成了陈列室。二楼红色的地板，像彻底晒干的桂花颜色。

院子的长廊里是另一种古朴淡雅、绿色大叶子、根茎像姜块的植物，嫩黄色的花朵，清新。小院中的水井边上，是两三棵柑橘树，熟透撑破了皮的橘子，应该就只有我发现，想吃却又不敢摘，烂了也好。靠着围墙的是竹子，铁树、蜡梅和栀子散落在建筑长廊的左右。亭子边上，搭配三两株绿芭蕉准没错。

菱窠院子的布置算不得多么精心。深色的树干，突然一个枝头就变了个造型，往另一个方向生长。不是不精通园艺，而是就喜欢那种自然的状态，也有无限的活力。整个上午，大概就只有三四个游人踏进菱窠。这个季节，静静地嗅着桂花香，再坐在二楼藏书室外的长廊下，翻看两页书，如同一种惬意的仪式。

桂花巷

同样和李劼人有点关系，名字更是直接叫桂花巷。这条位于城西长顺街旁的短小巷子，沿路也的确种满桂花。桂花巷六十四号，李劼人曾在这里住过一段时间，就在更靠近宽窄巷子的那头。不知道先生在这里写就的《大波》，其中个别段落的灵感是不是来自这一袭桂花香气。

1926 年，据说奇女子董竹君还在桂花巷租房创办了"飞鹰黄包车公司"。不过现在已看不出什么痕迹。尤其是在下过一场秋雨之后，桂花巷更是显得平常，和别的巷子没什么两样。"开了差不多快一个星期，"巷子中段守着面摊儿的大爷坐在椅子上目不转睛地看着对面，紧接着，又添了一句，"你看，那棵丹桂好漂亮。"

相当朴实和直白的赞美。对面的桂花好看，大爷的面摊其实也在一排桂花树下，是更加茂盛的银桂。小桌子小板凳靠墙，秋风中几朵细小的桂花，吹落在桌上，让街边面摊也多了风雅，只有这个季节才有。桂花甚至会掉落面碗中。为什么没有一碗叫桂花面的面条，这好像是一个值得深挖的真问题。

不知在切着什么，隔壁油炸串串的老板娘在屋子里准备食材的心情，一定又因为桂花的香味，变得更加欢快。桂香环绕下，冒菜的味道也变得更加奇特。高壮的老板把人招呼到隔壁的桌子，"几个人，大素还是小素？""妈妈，我们的小素终于来了。"一小份就足够干两碗白饭，美滋滋吃完，我又把桂花巷重溜达了一遍。

那个著名的蛋烘糕小摊我当天并没有遇上。要是遇到了，不知道他有没有桂花口味。口水滴答，瞬间又让我怀念起了在杭州灵隐寺附近吃到的一小碗莲子羹，浇一勺自酿的桂花露，馨香味甜，让人不胜欢喜。

可能是秋雨作祟，尽管就在宽窄巷子对面，但专门循着花香走到桂花巷的游人几乎没有。也可能有太多的角落巷道隐隐散发着桂花香味，无从寻起，只要能嗅到就足够惊喜。

等桂花过后，隔壁商业街的梧桐就该枯了，全城的银杏也该黄了。从味道到视觉的过程，秋意也该越来越浓。过了九月香气散尽，桂花不再成为引人注目的存在。桂花其实不能算成都最有代表性的味道，它甚至连市花市树都不是。能够真正代表成都味道的，还得是花椒，是一种让人为之着魔的香料。

五块石香料市场

超过 7000 家火锅、2884 家串串在成都扎根。这是《中国餐饮报告（白皮书 2017）》中的数据。熬制一锅味道纯正的锅底，香料起码得二三十种。它们曾经全都浓缩在五块石的香料市场。在一个冬天的周末，我想我应该去那里猛吸一口，见识一下香料全都铺开的场面。

五块石位于改造之中的城北。赛云台北路，白色的长面包车，车门滑开透气，男人坐在里面聚成一团，玩牌打发时间，等待着需要拉货的人找上门。另一位大叔，把凳子搬出了保安亭，和路过的熟人攀谈两句。冬日暖阳，能多晒一次是一次。就在他们身后，五块石香料市场，曾是四川最大的香料市场，却已在上个月底前搬空，进入更新施工状态，让人有点失落。

人去楼空，走近都闻不到半点辛香味。旧砖块砌成的临时围墙，嵌上锋利的玻璃碴子，和周围的气质一样老旧。布满灰尘，发黑、发旧的卷帘门，关得严严实实，柱子、招牌上贴满店铺搬走新地址在某某地方的信息，万一个别老买主不清楚。

日常的入口，被巨大的铁皮封锁，非清理人员不得入内。门外，穿泥灰色大褂的人员，三五个杵在一边，在等待什么？或者只是单纯想更多地待在这里，回忆搬大编织袋里的海椒、一起吃盒饭、刨钱。我还是混进市场里面，拍了几张照片，空空荡荡，像在做最后的记录。通透的房屋，只剩框架，杂物堆了一地，再把那把破竹椅搬过去，显得违和。现在的五块石香料市场有多寂静，以前就有多热闹。

坊间的五块石香料市场，正式名称其实是五块石综合市场，建成于 20 世纪 90 年代初期。旁边的粮油市场，也有小部分卖辣椒、花椒，一并搬了。五块石香料市场拆除后，要批发，只有往海霸王、木兰、商贸城跑，香辛的味道也转移了。对做餐饮的老板们来说，少了一个集中挑选香料的好去处，他们对五块石都很有感情。稍微讲究的餐饮老板，都会一次次赶早，亲自走一圈，挑最地道的香料。

成都人对香料有无比巨大的消耗量，人均每年要吃掉起码 4 斤的花椒。再加上辣椒、八角、茴香……相互成就，造就了五块石香料市场二三十年来在四川无可撼动的巨头地位，也因此成为成都乃至四川、西南香料市场的起点，其商品源源不断地被运到更远的街头、集市。这里，藏着成都人乃至四川人的麻辣鲜香。

BBC 来中国拍美食节目，其中一集讲成都味道，几个空镜头之后，资深大厨谭荣辉带着年轻人直奔五块石香料市场——这是毫无疑问的第一站。辣椒铺开挑，海椒籽单独卖。曾经的五块石香料市场，闹腾。

大厨谭荣辉捧起一把花椒，嚼两三颗，一声"哇"，无与伦比的味道，成都人饮食的密码，破解了一大半。要是 BBC 再来成都拍美食纪录片，曾经的市场是看不到了。运气好，还能看到周围少许继续开着的香料、干杂铺子。三五个老太太，相约来买点相因，讨价还价后去了下一家。

规模的缩小，让曾经香辛料浓烈的麻辣冲鼻味缓和了许多。老板耿直，"搬走了，哪儿卖价格都差不多。"说完又赶紧塞了一沓名片给我，"有亲戚朋友想买香料的，打这个电话，前不久我们还往新疆发了一大堆。"

密密麻麻，一个个编织口袋，红的是辣椒，深棕色的是花椒，各有各的等级，好认。八角、山柰、桂皮见得多了，也好认。别的，蒙。我绕着香料市场溜达了一圈，五块石到处都在如火如荼地进行升级换代，还有着闻不见的复杂的味道。

成都市农副产品批发市场的大楼，2016 年年底前就搬空了。想买干货，这儿曾经也是西南地区不能忽视的地方之一。大西南茶城，曾经西南规模最大的茶城，还在正常运转。上了岁数的阿姨，戴着老花镜坐一排，挑拣着茶叶的秆秆。

印花的床单铺了一溜儿，一箱箱的棉拖鞋，原来乡镇小商店的货也基本都从这儿来，恐怕迟早也都会进入整改范围。就在五块石电器市场的斜对面，全新的现代商业体已完工得差不多。

一街之隔，魔幻的两面。保安穿着泛旧的墨绿制服，矮胖慵懒，还是 20 世纪八九十年代的模样，显然不是复古。昏昏暗暗的电器市场，看指示牌也还是要迷路。翻新的彩电、翻新的空调……旧音响和彩灯，在节奏中变换音调和光线，如同进了 KTV 包间。

一股浓烈的机油味从小广场中飘散出来，钳子、扳手、发电机和烤鸭箱，都在一起。没生意的老板，端着电饭煲的内胆直接开始吃饭。大楼中角楼里的几家旧书摊儿也一样冷清，据说是成都旧书市场的原点，老书迷得闲来淘两本。旧钢笔旧毛笔，恐怕是少有人要……

这就是成都北门，五块石与荷花池构成的北门。它浓缩了那二年辰成都极重要的商业图景，诞生了成都最早的一批"杨百万"，但也一直被认为是成都较为落后的地方，仿如十年前。

早就该改、也开始改了，但又有点五味杂陈，舍不得。"北门深巷子老房子帅有特色，老墙上有个缺缺都老过你们爷爷""人家开辆宾利送货五块石到土桥"……

谢帝写了不止一首和成都相关的歌，我更喜欢的还是这首《北门扯把子》，"小商小贩起早贪黑荷花池刨钱，火车北站来咯外地人到北门刨钱。"大到开铺子的老板，小到骑电瓶车进货的小贩，都围绕着荷花池和五块石刨钱。只要勤快，无论搬到哪里，总会刨出一片生活。成都的味道，又怎么可能是只能闻见的那种。◨

● 往日的辉煌

峨影厂

最多走两三公里，准能找到一家电影院。但也因为如此，很少会有人专门到西二环边上的峨眉电影制片厂（简称"峨影厂"）看一场电影。喜欢电影文化的，还是有必要去一趟峨影厂一探究竟，曾经的摄影棚，在变成影院之后，氛围其实很特别，有所谓的积淀。

那天烈日当头，我从峨影厂门口一段短短的梧桐路通过，高扬的树干和硕大的叶子，峨影厂的高楼被遮挡了不少。"1959 年 7 月 1 日，峨影挂牌仪式在一片荒芜的郊野之地举行，厂牌由四川作家郭沫若亲笔题写。"

现在厂牌还挂在办公楼前，那些荣誉奖杯和无言的"功臣"也不会被遮挡。一台 20 世纪 70 年代的甘光 35mm 摄影机，还有一台同样年代的江西光学仪器厂产的 35mm 特技摄影机，三脚架的金属部分已经暗淡，反倒是木质的腿油光发亮。

天越热，夏蝉叫得越响亮。以前峨影厂的拍摄基地，有部分成了电影院，几个小孩四处奔跑着，费了些工夫才找到某银行冠名的影厅。影院是当年的摄影大棚改造而来，和商场中的影院格局大为不同。大概五六米的层高，每栋房屋上面都有梯子，除了空调，还有鼓风机在通风换气。

峨影厂的电影院是园林式的格局。厂区范围内，现在有文化传播公司，有幼儿园，还开了几家环境私密雅致、有点大隐于市的餐饮店，据说来成都的文化界人士爱在这里用餐聚会。我只是乱逛的人，从门口路过便好。

旧地换新颜，峨影厂内建筑的墙，大多依旧是水磨小石头的立面。以前的水泥电线杆，早已不负责连接电线，孤孤单单地立在那里。树还是当年那些树，阳光照常从树间洒落。去的时候，正好是夹竹桃开花的季节。我一直以为，这是相当老气的植物，大概只有古诗中才会出现。时代早就变了，改造过的、符合现代需求的峨影厂，游人可见、可参与。

有些峨影厂深处的一些红房子，则还是当年的模样。被锈迹斑斑的铁丝网围起来的老旧房子里，人们在用电脑办公。午饭时刻，有个男人钻出办公楼，在门口点燃了一支香烟。他所在房子的隔壁，则写着"严禁烟火，严禁靠拢，谨防高压"。

当我看到一片茂盛树林的时候，心情像是在丛林中发现了古文明一样。藤类杂草疯长，红房子、破窗……屋顶积了土，也长杂草，阴暗潮湿，害怕有蛇。这些老房子，大多废弃。木门被横七竖八的木条钉牢，里面堆着的杂物散发出潮湿、腐朽的味道。而铁门关住的，也只是里面的杂草、树木。鲜有人闯入这里，生态极好，速生桉树、红豆树都相当粗壮，遮挡了烈日。

麻灰色羽毛的鸟在枝头跳跃，一只猫警惕地看了我两眼，像是《聊斋》中的美女。像一次丛林探险，在峨影厂这些红房子之间，我陆续发现了几辆卡车，轮胎干瘪，落有厚厚的灰尘，应该是以前拍战争片用的。一扇大铁门紧锁，门上一个锈蚀成的洞诱使我往里面看，果然有宝藏，好几辆老式小汽车，昏昏暗暗，瞬间像是穿越到了上海滩。

偷窥得到的，比影院展厅里的那两辆珍稀豪车还让人激动。可是，看完往回走，镜子残碎了，一束鲜花凋败了，蓝色铁皮的简易门让这里和二环隔绝……这片区域真的是荒废了。

据说近来又有了新的规划，峨影厂的这部分也会成为一个和文创产业相关的基地，更加适合现代的需求，让人真正愿意参与进来，而不是像我这样，在偶然和无意中闯入。这应该是曾经在峨影厂拍戏的很多演员当时没能设想的事情，至于能不能重现辉煌，只能拭目以待。

在那二年辰，峨影厂是中国最红火的电影制片厂之一。当然有大的时代背景，那阵电影稀缺，20 世纪 50 年代，除了北京、上海和长春有电影厂之外，就只有成都拥有。尤其在 1965 年，"上海天马电影制片厂全部人员及设备内迁，与峨影厂合并"，这更壮大了峨影厂的规模。

老辈子些还能回忆起，不管是影院还是坝坝电影，几乎只有北京电影制片厂（简称"北影厂"）、长春电影制片厂（简称"长影厂"）、上海电影制片厂（简称"上影厂"）的片子轮流放。四川人感到最熟悉、最亲切，最愿意谈及的，还是峨影厂的电影，以及那些从峨影厂走出去的演员。在《红楼梦》中饰演贾宝玉的欧阳奋强，14 岁起就在峨影厂当演员。长影厂的《杜十娘》中的女主角是从峨影厂走出去的大美女潘虹。

可能像《嘉陵江边》《奴隶的女儿》《冰山雪莲》《红衣少女》《被爱情遗忘的角落》这些曾经峨影厂的经典之作，现在的年轻人很多都和我一样并没有看过。这似乎并不重要，这些影片已经深入我们这座城市文化的一部分。翟永明曾说，"从某种程度上说，一座电影制片厂的存在，给这座城市带来了优质的文化、审美及品位。也给这座城市的居民，带来了欢乐和时尚。"

他们所带来的某些风气，现在也依旧为人所怀念。在峨影厂，米家山也有机会从小场记一步步成长为编剧和知名导演。1989 年，他拍摄了电影《顽主》，其导演酬金是 800 元，张国立、葛优、梁天的片酬也为 800 元，王朔的编剧费不过 3000 元。对如今的电影市场而言，这样的酬劳是再也没有了。

世界乐园

继续往西的西三环之外，2000 年前后的世界乐园也是相当辉煌的地方。不仅成都，重庆、绵阳满载游客的旅游大巴车停在泰山大道之上，门票四五十也拦不住游客"假装畅游世界"的热情。甚至附近住家户拿着梯子将人偷偷送进世界乐园，也有得赚。不过世界乐园衰落后，卖给成都纺织高等专科学校（简称"纺专"）保留了部分乐园，免票可进，也很少有人想要进去了。

世界乐园炙手可热的城堡大门，早就封堵了起来，蒙娜丽莎尴尬地微笑着对你说此路不通。围着世界乐园绕了一圈，我最终从纺专的北苑大门走了进去。

十几年前，世界乐园的大部分土地卖给纺专，成了校园的组成部分。有部分拆除整修成教学楼、图书馆，深红色的建筑分散在主路的两边，翠绿的草坪点缀其中。走着走着柏油路中断，变成破碎的水泥路、石板路，就知道到了还保留着的世界乐园部分。

正值暑期，已经没有多少留校学生。拎着西瓜的阿姨带着小孩，在"东南亚巨榕"下坐着休整，准备去下一个地方。"东南亚巨榕"是世界乐园的一个景点，巨榕茂盛得像绿色的小山，其实不过是钢筋水泥搭好造型，穿插几棵大树，再爬满藤类植物而成。

两个青春期变了声的男孩停下赛车，锁都顾不上锁就攀爬上了柱子，互相较劲看谁跳得更远。几个小学生模样的姐妹也在这些柱子和藤蔓间穿梭爬荡，即使穿着裙子，也野得像猴子。天性使然，跟我们当年一样。

世界乐园处处显得冷清，林立着"禁止攀爬"的牌子，但通常大人都管不住自己，更何况小孩。所有人最喜欢攀爬的依旧是金字塔。金字塔、破损残缺的狮身人面像和其他雕塑散布在草丛中，有丛林遗迹的感觉。

人在几座小金字塔之间藏来藏去，最大的那座金字塔，一个台阶一个台阶往上，我计划爬到顶，可爬到一半再往下一看，怯了。看着一个小孩身轻如燕噌噌地往上蹿，我想我实在不应该穿洞洞鞋，还手握价格不算便宜的手机，万一不小心……总有太多的因素让人瞻前顾后。

一个男人带着两个小孩，一路走一路拿手机拍照。以前逛世界乐园，只有租个傻瓜相机，还得省着胶卷拍。看见仙人柱上全是钉子，小女孩一句"这也太假了吧"，便又笑嘻嘻地走开了。在 21 世纪初，是没有人会嘲笑这样的景点的。

另一个景点，教堂附近的壁画已经残损、颜色暗淡。世界乐园里，复制得最精美的应该是匈牙利广场，石柱、雕塑及周围的环形阶梯座椅，早已成为婚纱摄影私藏的宝地。四周被围栏围着，没找到匈牙利广场的入口，我只是从咫尺间的建筑工地伸头打望。

整个乐园现在都是婚纱摄影发挥的空间，专门放置了热气球，照片 PS 一下，谁都是大片主角。付费才能取景照婚纱，但也有小情侣偷偷拿着手机钻进未经许可进入的区域甜蜜拍照。乌拉圭阳台、白宫和南非大屋等等都被改造为学生使用的场所。一栋还亮着日光灯的毛衣加工室，机器来回跑动，散发着浓浓机油味。

最有活力的还是廊桥，布满青春味道的涂鸦，谁喜欢谁，满墙壁都是，像另一种生命力旺盛的杂草。真正的杂草和裸土更多。当年的指示牌龟裂了。被称为地中海的湖面在风吹拂下，起了涟漪。发绿的水，以挡不住的恶臭袭向自由女神。在密林中和湖相连的水沟，水面是静止的，黑色的污秽像油花一样漂浮，时不时有带着烂淤泥的泡冒起，夏天的蜻蜓也不愿意过多停留。

出了大门，我原路返回，世界乐园旁，一块打围的空地上写着"重塑一座世界乐园"。前面摆满了垃圾桶。只是不知道现在的人需要怎样一座世界乐园，或者，什么才算世界乐园。

列车依旧密集呼呼地驶过，世界乐园就在成灌快铁的一侧，离犀浦站还有些近，也依旧没有几个人想要停下来专门进来逛逛。等坐成灌快铁居高临下世界乐园的时候，我看到匈牙利广场附近的土地上高楼已起。我没敢把这部分变成房地产的消息告诉一位早已回到甘肃老家、曾经在世界乐园工作过的大爷。

金牛体育中心

如果说峨影厂和世界乐园的功能在当下发生了改变，从那儿路过多次，终于打算进去一探究竟的金牛体育中心，我想它依旧有极大的活力。人民永远需要这类公共空间进行锻炼。

之前每次路过看到那座保龄球馆，便觉得里面可能很高级。真正踏进去，实在羡慕住周围的人，超大的标准跑道，几乎可以不限时间地供人免费锻炼，周围的健身房，肯定因此没了市场。

溜达一圈，金牛体育中心给人的总体印象有点复杂。公园式的布局，植物、花坛、场馆的外墙，乃至稍带棕色的玻璃，都给人一种年代感。金牛体育中心于 1986 年建成，不知不觉已经有 30 多年的历史。里面建有派出所、幼儿园，在今天看来有些不太能理解。这样的布局像某个年代的高级家属区，体育与生活的其他方面，分割得并不那么明显。

从东大门穿到西大门，抄近路的街坊邻居手里还拎着菜蔬，碰见熟人一起坐在棒球雕塑椅凳上，或拉拉家常，或共同等待放学铃响起，以便接走孙儿孙女。

在当时修建完工的时候，金牛体育中心一定是洋气的。除了显眼的保龄球馆，金牛体育中心还卧虎藏龙。尤其是 1991 年落成的棒球馆，比篮球馆、乒乓球馆更抓人眼球，这样的棒球场在全成都找不出来几座。边上黄褐色泥土飞扬，中间的草皮才够油绿，巨高的围栏，青少年们在其中训练。1000 块钱半天的训练收费标准，不算亲民。

这座棒球场按高标准修建，在西南来说都是首屈一指的。〇几年改造之后，球场四周预留了 7 个电视转播机位，一度是西部地区唯一一带看台的标准棒球场，承办过第七届全运会的棒球比赛。日本甲子园冠军球队广岛队到成都进行访问比赛，也对场地赞不绝口。

这种场地条件在当时是和四川棒球队的水平相匹配的。1972 年建队的四川棒球队，1985 年、1986 年连续两年获得全国棒球联赛的冠军，在 1987 年更是获得了第六届全运会的冠军。这仿佛让人看到棒球运动即将在成都像足球运动一样刮起旋风。但在 2008 年，有媒体的报道标题已经成了《免费发放门票也无人问津，棒球人习惯无人喝彩》。

在网友 sichuan_dragon 的记忆中，以前 CBL 有赞助的时候，四川蛟龙队的主场就在金牛棒球场。这里交通方便、观众也多，球打到观众席上，谁捡到就是谁的，局间还会扔些球给观众。后来 CBL 没赞助了，球队去了太平寺，偏远，观众席也没有多少，"捡到球还要还回去"。

棒球运动没能火起来，现在要论哪里更加热闹，还得是田径场，毕竟跑步门槛更低。开阔的空地，绿草被围起来养护。远远地看着澳林春天在它周围拔地而起，也看着二环高架上车来车往，四医院的标识是那么显眼。

胖的瘦的，高的矮的，一圈圈汗流浃背。有人索性裸起上半身，入口处"严禁打光董董"的提醒看到了也当没看到，素质还需提高。在我离开的时候，一群青年在皮肤沧桑、黝黑的教练带领下，在台阶上来回跑上跑下。专业的训练，这些人中，大概隐藏着以后可能出现在 CCTV-5 直播中的健儿。要是这样，那也算是给金牛体育馆争光了吧。🔳

● 跳动的背街小巷

走在人民南路或者蜀都大道上，有时候不免产生这样的想法，宽街大道恐怕只是一座城市的表面。每天匆匆路过，大厦的名字都叫得出，但除非在里面办公，一年到头其实去不了几次。真正的生活，还是遍布在它们背后的小街小巷之中，让人能从中容易地感知人和人、人和空间正在产生更为亲密的关系。

玉林二巷

成都有着数量庞大的背街小巷，它们隐秘，每处看起来都挺像。一旦踏入，在扑面而来的亲切感之中，其实又都有各自的特色。那么多的老小区小巷子，成都人最爱提起的似乎还是玉林。有王妈手撕兔，也有飘香火锅，有小酒馆，也有白夜酒吧，它们早就成了一个个符号。在一个品牌举办的活动开始前，我又去隔壁玉林逛了逛，每逛每新。

晚饭时刻，玉林东路已经显得拥堵，树梢封锁了街道的上空，昏昏暗暗，透不出光影。看到一个巷口有卖水果的三轮车，前面似乎还要转弯，好奇里面藏着什么好东西，我决定钻进去。

巷子自然比街更窄，没那么显眼，汽车开进去够戗。两三百米长的玉林二巷，没有树木，但也同样昏暗，路边是摊儿啊棚啊。沿街而设的路边菜摊，推车卖卤菜和骑三轮车卖鱼的，这些摊子大概承包了玉林片区绝大部分人家的餐桌食材。大概玉林二巷也是唯一属于玉林人自己的小世界，玉林其他的店子啊馆子啊，早都被慕名而来的人挤满了。

下午还有人在菜摊上称几个海椒，过了晚饭的点儿，就都空了。小店的人开始在一旁支张桌子，围在一起吃晚饭。几间不讲究环境的苍蝇馆子，生意稀稀拉拉的，只招待邻里的胃。炒菜师傅掂起铁锅，炉火顿时蹿上来，映得整个人的面庞通红。

玉林二巷的空气中有菜市场的味道，也有饭香，但更多的还是潮湿发霉的下水道的味道。等看见建筑上没了窗子，上面写着"拆"字，哦，这里是要搬了。其实玉林二巷更新的消息，几个月前就已经传出。这是老小区，红白的塑料大盆随意摆放在一边，还看得见澡堂的招牌。房屋沿着玉林二巷两侧分布，一个个十字路口，人就在红砖建筑之间的过道穿行，找到各自楼梯的入口，直至消失。

玉林二巷具体什么时候搬完，我问了位卖炸土豆的大姐，她也说不清楚。一户户搬走，墙壁上还挂着房屋转租的广告，看来是打算能撑一阵是一阵。有一家老旧的理发店还存活着，没有顾客上门，理发师坐在一边看着电视。待夜幕降临，一切都被笼罩，只在灯光之下有生活。待玉林二巷彻底变脸，这些市井的、小的、细碎的生活，不知道会升级成什么样子。

交桂巷

和西门早一批的大型商场金牛凯德相隔不远，傍晚时分的交桂巷是另一种繁忙。我是听人提起才决定去瞧瞧。具体位置我是拿手机搜出来的，到了跟前才不免汗颜，早年上学每周都要走外面的大马路去到东边，竟然错过了这条烟火小巷。

巷口对面的好利来装饰清爽，交桂巷则是大红和大黄，还有一整片行道树的绿，如果天黑，树也将变黑。交桂巷那片，像玉林，也像青羊抚琴，被老小区包围。不算高的房子，飞机不时从头顶划过。岔路小巷，绿荫浓密，小商小贩聚集，让这里形成了一个规模不算小的夜市，人潮涌动，熙熙攘攘。主路上地铁施工打围带来的影响，似乎与这里无关。

几家炸洋芋、炸蔬菜，招牌上全都写有"清油"二字。食材分门别类，就在三轮车上铺陈开来，女人麻溜地夹菜、起锅、放入调料再三下五除二地和匀……烧烤的铁架上，火苗嗞地喷起一片，两个馋嘴的小孩吓得赶紧往边上侧了下身子，然后再盯着自己的串儿，想着也该好了吧。

烤猪蹄、烤脑花，标准的夜市味道。一家专门卖烤五花肉的小摊，一看颜色就知道焦香。见人犹豫不决，老板发话："我们的肉全都是好肉，都是在隔壁沃尔玛买的。"小本生意，童叟无欺。晃到交大智能幼儿园围墙边上，我远远地就看到了那家三轮车串串，菜串好之后，全部垒尖尖地装在盆子里，很少见串串香还有这种卖法，非常像一大束捧花。

见我在拍照，大妈顺势得意两下："现在拍好看，等下越卖越少就不好看了。"是呀，热热闹闹，小摊也要讲究卖相。下午五六点出来摆摊，七点不到就有顾客吃完一轮开始结账。晚上十一点过，大妈的串串就能卖得干干净净。大妈不是无名无姓，小小的一块招牌挂在三轮车上，"刘记串串香"。

串串卖了很多年，小招牌也做了很多年，与时俱进，支持微信和支付宝付款的手写小字挤在了一起。一口锅里微微沸腾着煮料，几张小方桌，食客埋头自顾自地吃着。没生意的时候，老板娘就坐在一边盯着场子，看食客包包里的手机搁得太浅，再提醒两句"小心扒手"，之后又默默地等待着生意。

树荫下几家烤肉店的生意也开始了，风把它们各自的味道混合，再吹进每一个嗅觉细胞。蜜桃和西瓜毫无意外地成了夏季水果店的销量担当。南瓜和山药，也各成一堆。穿过交桂路农贸市场，说是市场，其实就是一条巷子，两边各是摊位、肉店、菜店和干杂店交错。天色已暗，店主准备收摊，小孩放暑假，此刻还假装在水盆里捉泥鳅。

交桂巷看起来不长，其实有点复杂。一巷二巷，东拐西拐，不知道怎么区分，就连送外卖的钻进来也不得不刹一脚，"请问智能小区南苑是不是从这儿直走？"吃过晚饭，在路边手里拿着把扇子的太婆对这些再清楚不过。

太婆们开始散步，如果合适，顺便买点相因回去。也有人纯粹闲逛，穿睡裙人字拖，刚下楼，手里还捏着包玉米边走边啃两口。边上一熟人补了句"尖（今天）晚上我煮的莲花白还是好吃"，顿时是一阵点头和赞赏，仿佛话间也有回甜的味道。

露天市场

城北府青路附近的小巷子更多的是讨价还价的声音。最大的热闹是在傍晚五六点下班高峰期到来前后。起先还在左侧围墙下的一个蔬菜摊位，男人抱着竹筐把东西挪到了更为顺路的右边，准备抓紧时间再挣一笔。一旦天黑，这里将冷清许多。

不算宽的道路上，女人也推出三轮车，五六家形成一排，肉挂在油腻光亮的架子上，任人挑选。没生意，清瘦的女人便站在自家摊子前嚼嚼舌根，脸上依旧笑嘻嘻，大概和生意好坏无关。

下班路过的人总会刹一脚，穿过涵洞之后，更为盛大的露天市场也做好了准备。其实也算不上纯露天，七八米高的桥底下，形成三排摊位，生活所需一应俱全。每个服装摊位上都是款式简单朴素的衣服，我以为这样的场景只能在郊外的场镇上见到。

就算光线昏暗，也很容易就能找到这条穿过涵洞通向集市的小路。伴随着轰隆的火车碾压铁轨的声音，府青路站附近的改造正如火如荼地进行着。它几乎就在一座褪色但依旧引人注目的钢结构大桥之下，一切俨然《观音山》中的一个场景。

几年前上映的《观音山》在取景上有一点高明之处，绝大部分是在成都拍的，但又不太看得出是成都，它更像是任何一个西南小城的缩影。所有小城，大概都有一座那样的红色大桥，还有泥灰色粗砂外墙的小区，小房间同样阴暗潮湿，简单的家具在里面紧凑摆放……陈柏霖在立交桥下等着生意，看执法的来了，推着摩托车拼命地跑……

范冰冰他们三人会在铁轨上玩耍，爬上绿皮火车，去远方找寻一点什么别的意义。眼前这座火车涵洞形成的小路，大概也是小市民谋生的乐园。沿街设摊，尽管不那么整洁，但也生机勃勃，人来人往，包罗万象。

少说也得有十多年了，除了市集，治疗难言之隐的小广告依旧贴满水泥墙和柱头。很好奇究竟谁会是这些小诊所的顾客，这种广告形式究竟是从什么地方流传而来的，这么些年竟然从来都没有换过。它们共同勾勒出一个像是停滞了的时空。把摩托车换成电瓶车的人，依旧浩浩荡荡地穿过。

城市的火车涵洞、立交桥下……这些难登大雅之堂的地方，从来都包容了许多微小的存在，它仍旧是一群人日常生活的组成部分。没有买卖的时候，所有人都盯着手机屏幕看着电视剧，这大概是他们与"现代"唯一相联系的动作。可就在另一个摊位，还是有光碟在卖，也总还有那么两三个人在挑选。

锁好自行车，一个男人慢吞吞地准备去摸摸裤子的质量。或许他还得在尽头打一瓶高粱酒，抑或还会去另一个尽头称半斤卤猪头肉回家下酒。又一天即将过去，在每一个平静的夜晚之后，这些小巷依旧会规律地"跳动"。 TZ

● 出人意料的混搭

虽说已经放暑假，小孩肯定还是要找事情做。望子成龙、名师堂、文化宫之类，各种兴趣班、培训班人头攒动。成都棋院也依旧如此，除了偶有专业棋手在此比赛交流，学棋的小孩是其中庞大的存在。

每次送弟弟去棋院学下围棋，朋友小扶都要感慨："市中心地段，对面是一排手机店，从一个脏脏旧旧的卷帘门进去，全是学棋小孩和等着小孩下课的爷爷婆婆，也太魔幻了吧。"

现在的我们好像越来越偏好用"魔幻"来形容不可思议的景象。尤其是在莫言获得诺贝尔文学奖之后，大众普遍对魔幻现实主义的说法有了更多的认知。以前流行过的"混搭"一词已不能完全展现其中的特别意味，又过气了。

成都棋院

之所以说成都棋院有点魔幻，更多的是因为它所处的位置。成都棋院所在的商业场提督街片区，古时候是大富大贵的人才能住的地方，曾有相当多的宅院，是老成都们的一个窝子。

棋院更为确切的位置是在兴隆街上，斜对面是邮电局，老房子的石砖石墙，就是"车、马、邮件都慢"的感觉。但只需再往前走两步，大片色块明亮的手机店招牌又瞬间把人拉回E-mail、因特网时代，这里依旧是太升南路手机市场的辐射范围。

小摊小店藏在兴隆街这样的背街小巷，女人男人扯一把塑料板凳，地上再摆一块小广告招牌，上面印着"专业贴膜，钢化膜35"，在耍耍搭搭中期待开个张。

在街的另一边，你还能看到老式的织补店。顺着黑乎乎的单元楼通道上二楼，炒菜中餐、兴隆茶坊的招牌被缠绕的电线遮住，差点就错过。

在这一片繁杂之中，成都棋院显得毫不起眼。在很多次路过华兴街、提督街那一片时，我其实都没有注意到棋院的存在。按图索骥跨进卷帘门，只见宽敞而朴素的堂子里，老少爷们儿稀稀拉拉地坐在椅子上，或打瞌睡或看电视。

每个桌子上都摆着一只保温瓶，一茶一座，起灰发黄的三叶吊扇呼呼地转着，是一个老派的地方。有些时候，棋友也会专门到棋院交流切磋，愿意在这里下棋的，似乎和在路边、公园、天桥底下下棋的不是一个派别。一个是学院派交流战术，一个恐怕就只是野路子打发时间。

不管是成都棋院还是成都棋校，说的其实都是同一个地方。功能复合，顺着拐角处的老式木座铁栏杆的楼梯往上爬，楼上才是棋室。围棋、象棋、跳棋……各是各的房间，很像老式的办公室。

课间休息，小孩吵吵闹闹地奔跑，刚刚还坐在走廊外的家长不得不紧盯着他们，生怕闹出啥幺蛾子。上课时间一到，小孩们钻进教室，爷爷奶奶们又继续坐在走廊上安静地等待孙子孙女下课，循环往复。说棋讲棋，实操最为重要，我瞥了一眼教室，桌上堆满了棋牌类的教具，没想到现在有些教学已经是在电脑上操作了。

成都人自古就很爱棋类运动，花蕊夫人当年还有诗留下。"日高房里学围棋，等候官家未出时。为赌金钱争路数，专忧女伴怪来迟"。女子也爱，蜀中的围棋大咖，在那个时候就名扬天下。传承得不错，整个成都市的棋牌氛围一直浓厚。

兴隆街、提督街和总府路这一片，在新中国成立后，就一直是成都围棋高手出没的地方。20世纪50年代，提督街上的私人茶园"葛园"摇身一变，成为"成都市棋艺俱乐部"，专门负责棋类运动普及推广。当时成都市棋艺俱乐部负责对外的地方，就叫成都棋园。

1981年3月，成都市人民政府批准成立了成都棋院。成都棋园、成都棋校之类，都归成都棋院统一管理。后来因为修建蜀都大厦的缘故，便都搬迁到兴隆街33号。两地相隔很近，几分钟便能走到。所以与其说太升南路卖手机的附近有个棋院很魔幻，不如说没想到棋院附近发展出了一个成都出了名的卖信息设备的地方。

很早成都人就在棋院附近的中山公园，也就是老的文化宫举行民间的围棋比赛。

成都不仅下棋者众多，出版刊物也相当多。清末四川就有邓元惠的《弈潜斋刊本》，1922年创刊的《弈学月刊》更是中国最早的围棋月刊。其他还有诸如《棋友周报》《成都棋苑》之类。20世纪八九十年代盛行的、由四川日报社出版的《棋牌报》，在成都的棋友之间广受欢迎。《华西都市报》的刊号早前就是《棋牌报》在使用。

老的棋牌爱好者都知道，成都棋院有大师们的足迹，也有纯正的弈风底蕴。高手如云，象棋界的"蜀中三剑客"刘剑青、陈新全、陈德元在这里待过。围棋界鼎鼎有名的是宋雪林、郑弘、孔祥明。难得现在还有小孩愿意学习，对棋牌抱有兴趣，不知道谁会是其中的"江流儿"。

好苗子成为有段位的棋牌高手，其实是一件相当难的事情。小时候基础不错，是个好苗子，之后却不得不因家长对学业的考虑而打乱既定的节奏。普通的考学工作路径和当职业棋手的目标，二者选其一，鲜少有人真正愿意为培养一个可能的棋牌大师而赌上一把。据媒体分析，这也是成都这么多年都很难再出一个职业棋手的原因之一。可能这也是另一个来自现实的魔幻。

金沙巷

西门金沙巷 "出人意料的混搭"风格是另一种味道。之前这条巷子只是一条平平无奇的巷子，但最近去的时候，没想到它发生了显而易见的变化，"刚刚做完美体"。

金沙巷并不在金沙遗址博物馆附近，而是在金牛区的抚琴一带。如果从营门口路拐到金沙街，一条直路在快要到老年大学的路口左转便是金沙巷 L 形的背街小巷，周围全是老小区。从榕树的遮天蔽日中就能感受到年代感，可如今看到整条巷子布满熊猫涂鸦，又像是穿越到了一个熊猫王国。

遍布墙面的涂鸦至少视觉上是会给人冲击的，大块红蓝之类明快的色彩，有那么些夸张以及诙谐。整个巷子看起来不单单是市井，也有讨年轻人欢心的文艺调调。各式各样、干各种事情的卡通熊猫，粉色天使的翅膀……它们在围墙上，也在更高的六七层高的小楼墙面上。

涂鸦很好地利用了周围的环境特点，瀑布高悬，熊猫在其中嬉戏，下面正好是一条防洪渠。更靠近河流的墙面，变成了河岸，上面的熊猫跃跃欲试，想要下河欢腾一番。就在桥的另一侧，是一根"长"满熊猫的树，充满"丰收的喜悦"。

整个金沙巷可能只有 500 多米，被涂得满满当当。不知道到底有多少只熊猫涂鸦，也不知道融入了多少成都元素。方言、典故比比皆是，文艺中又能够找到不少老成都的感觉。更确切地说，金沙巷涂鸦的主题是"老西门"，两个入口都有醒目的标识。

这里也确实属于老西门的范畴。附近的白芙蓉宾馆很长一段时间都是西门的地标之一。很早我就知道，骑行都江堰、青城山的自行车队，钟爱在这里集合。我也是逛的时候才发现原来金沙巷附近还有一个叫西门车站综合市场的菜市。菜市虽小但还在正常运转，老西门车站的影子倒是越来越模糊。

继续回到金沙巷的涂鸦，比起眼花缭乱的色块，一些因地制宜、有点设计感的小场景涂鸦让我觉得更好耍。旁边一家送桶装水的铺子，从窗子往下看，涂鸦的小朋友的洗澡水就正是桶装水倒下来的。以前成都的小孩，谁没在院子里干过露天洗澡这码事。

有点怀旧的味道。另一家门口的铁皮报箱，则变成了一个涂鸦的小孩的书包。黄窗子蓝玻璃里面是某家的厨房。相互融合，不能动的墙面上的管线，也显出新的价值，成为缆车的钢绳，以及杂技演员的平衡木。除了涂鸦，慢走细看，还能看到树上有松鼠造型的装置，热闹又丰富。

榕树、老小区、棋牌室，以及小卖部……成都有很多像金沙巷这样的陈旧小巷，稍微增加一点色彩或者新的形式进来，可能就是简单的涂鸦，马上感觉就不一样。新变化使得它很快就脱颖而出。它们不像东大路地铁口的涂鸦墙那么网红，金沙巷几个月前才重新打造完成，并没有多少人特地跑来拍照打卡。

金沙巷想成为一条真正的网红街、年轻人喜欢拍照的文艺街，估计还要过一阵子去了。拍完照其实也别忙着溜掉，就在我乱逛之间，发现附近还有很多一看名字和陈旧程度，就觉得好吃的面店、牛肉店。走到附近同样改造没多久的街头公园小坐半天，公园对面就是"光荣烤鸭"，远近闻名的"美食一霸"，晚饭肯定有着落。

较场坝中街

金沙巷的变化是出于规划改造，由人主动带来的，而在我逛过的众多巷子中，较场坝中街在午间呈现的特别景象，则更多来自自发，久而久之形成的气候。一到饭点儿，白领钻出空调房写字楼，瞬间挤满较场坝中街这条短小狭窄的街道，只为寻找可口的午饭。

一场暴雨过后的某个中午，成都依旧烈日当头，工人在路边忙着修剪前一天因风雨残损的树枝。我钻出了东门大桥 C 出口，手机上天气 APP 显示室外温度 28 摄氏度。这让我感到非常不真实。天空通透，汗流浃背，热，以至于在街上走动的人都很少。

10 分钟之后的 12 点 55 分，变化发生。等绿灯，过东大街，一群又一群的人从附近的大街小巷出发，从假日酒店背后的停车场穿过，汇集到较场坝中街，乌泱泱一片。再热也要走过来，呼朋唤友。我想起在学生时代，上午第四节课下课的铃声一响，所有人便奔跑着去食堂抢饭的盛况。午饭时刻的较场坝中街，早就成了白领一条街，说这里是"西部华尔街"、东大街沿线几乎所有写字楼白领的共同食堂也不过分。

男人女人，工作牌都来不及取下，红色蓝色的绳子，区分着你是这家公司，他是那家公司。剪着平头、梳着油头的男人三五成群地走在一起，瘦的胖的，白衬衣没几个穿得好看，要么撑不起来，要么超紧身，皮带露在外面。没办法，公司要求。女人也是正装，相互挽着，是办公室小姐妹。她们日常高跟鞋哒哒的声音，比夏天的蝉还聒噪，现在淹没在较场坝中街喧闹的街声中，旁人鲜有察觉。

周围的白领都称较场坝中街为美食街。密密麻麻的人排在密密麻麻的馆子前面，沿街摆满了密密麻麻的小方桌、塑料板凳，黑色的工业大风扇呼呼地吹。小工尖起嗓子在路边招呼："几位？炒菜还是面条，里面坐，有空调。"没人理会千篇一律的招呼，所有人都往街的树荫一侧阔步往前走，轻车熟路，到店自动倒拐坐下。"老板儿，菜单。"不想再多说一个字。

好吃难吃，对不对口味，所有人对每家店的情况一清二楚。吃惯了，也纠结，边走边看吃什么的，大有人在。这家的面难吃到爆，那的粉太软。遇到熟人，相互之间的寒暄都变成了"你吃什么？""你们喃？""我们去吃那家面。""那家啊，我早上才去吃过，不去不去。"说完还要往后退两步。

人们沿街而坐，趁着仅有的一点私人时间边吃饭，边摆龙门阵，讲点办公室八卦。但有人还被电话控制着，叽里呱啦地站在街边树荫里讲："这个东西，只要有身份证就可办"……"你去华西口腔找某某医生"……隔壁十七中的部分学生也躲在树荫下，边聊天边等着从铁栏杆外递进来的外卖。一盘卤肉饭，小份，13块。中午的较场坝中街，生意从12点到13点，一个小时短暂的热闹之后，人潮退去，他们又重新钻进了空调房格子间，噼里啪啦地敲着键盘忙着挣钱。少了生意的老板，这时候也有空盘算今天又赚了多少钱。■

● 跟随时节，成都人的集体出动

找一个出门耍的借口对成都人来说相当容易，无论春夏还是秋冬，总是呼朋唤友。每到固定的时间，总有固定的动作，从来都乐此不疲，愿意去了再去。

清明赏油菜花

清明之后，赶在油菜花谢完之前，我又去赏了趟花。不往远了走，西边团结镇的农田就有，沿着府河边上的小路，东拐西拐之后还可以跑到隔壁三道堰的青杠树村，和挥舞丝巾的姆姆们融成一片。专门去团结影视学院的曹氏买了辣得人冒汗的藕片和土豆片，假装春游的便当，然后我就开始在各种机耕道（机耕道就是狭窄乡村小路的意思）上穿梭。

相隔3公里的距离，导航说，这样到青杠树村最近。看来都是这样打算的，沿着河边，单向双车道的水泥路，早已被赏花的车堵塞。乡村小路边上，具有年代感的杉树挺拔高耸，没有别的树那么枝繁叶茂，像钻进了林场。等看到第一座桥，倒拐之后才算是真正走入机耕道，错车变得更加困难。

传统民居就在路边，或小楼或瓦房。作坊机器轰鸣，茶社的日光灯管子昏暗，搓麻将的声音稀里哗啦，厚重的叶子烟味和素毛峰浓浓的茶味飘散出来。房前的果树，开出白色的花瓣，不知是梨花还是杏花。

机耕道的另一侧，就是大片的农田，低矮围墙工整的蓝色广告涂鸦，和黄灿灿的油菜花交相辉映，典型村镇的样子。"团结路上全是坑坑，你开车莫开奔奔"，这是谢帝很多年前就唱过的。

破旧的小路，碎石子碾压了一地，小车随意停放在一边，然后人就冲进春风沉醉里。养蜂人直接把帐篷和蜂箱堆放在空闲的田地上，狗和太阳能发电板是跟随花期迁徙的养蜂人的标配。群蜂飞舞，黑压压一片。吃饱喝足，才产得出黄澄澄甜蜜蜜的蜂糖。这个季节，被狗咬和被蜜蜂蜇，都是高发事件。其实只要不招惹它们，就算站在蜂群之间，也不会被叮咬半分。

蒜苗的颜色已经变得老气，趁着春风烈日，主妇直接在路边晒起儿菜，倒腾完，又抓紧驮了一电瓶车的青菜，准备继续铺开吹晒。过河，便是最近两年成都乡村旅游市场的新贵之一——青杠树村。溪水涓涓，柳树刚抽出嫩芽，就已经有风筝缠在了树梢，懊恼惋惜，却也恨太煞风景。

丁丁糖和麻辣豆花儿，一人一碗，边吃边逛，有人发出感叹："比城里头的公园还热闹。"乡村旅游，最闹腾的就是春暖花开的季节。大片大片的油菜花，年轻人和孃孃其实都没法拒绝。姿势不停变换，挥舞着丝巾活力无限，谁都想来那么几张。香草湖，其实就是一个水凼凼，看见之后，远不及名字给人的美感。

农家小院几十块钱包干能耍一整天，吃饭、喝茶、搓麻将，我都没有参与。草泥马也没有去看，着急往回走。再晚点，恐怕更要遭周末返程的人堵疯。

秋日看银杏

夏季算是成都最平静的季节，该去青城山避暑就避暑去了。其他顶多把落灰的单反拿出来，去川大和文化公园拍拍荷花。等到秋日，凉爽之中银杏叶子颜色开始变化，这又将迎来空前规模的人群。阴郁的冬天要是再没有银杏金黄的喜庆给人以期盼，不知道又要湿冷几度。有人痴迷远郊白塔寺或都江堰老街银杏的灵气，有人年复一年地还是喜欢去锦绣巷或电子科大溜达。

我每年也要去电子科大清水河校区。一个阴天的周末，通往电子科大的 116 路西校门站，过半的人默契地下车再过斑马线进入校门，然后掏出手机拍摄。外国友人也不例外，难掩兴奋和好奇，在盯上了位 coser，凑近记录之后，她的目光又自然而然地转移到了树干旁天真烂漫的婴童。

忘了哪年的道听途说，电子科大集中了整个长江以南，也可能是长江以北几乎所有的银杏。夸张中也有一丝骄傲，这说明电子科大银杏规模盛大，并且足够粗壮。电视台隔段时间就要打探叶子黄了的程度，人群伺机而动。今年赏银杏，我没能赶上头一拨队伍。图书馆草坪上，一个男生边走边和同伴对游客数量做出评价："上周才是像赶集一样。"显然这周因为天气的缘故人要少很多。

从西门一直走到南门，天然的秀场，每个人都能找到心满意足的创作空间，然后晒一张和去年没什么两样的照片在朋友圈，这就足够了。情侣恋人，中老年姐妹，婆孙……所有人对银杏的审美难得达成统一。盛大的狂欢，所有人都享受季节带来的色彩变化。差别很细微，中老年拍照依旧偏爱丝巾，年轻人要小清新些。为了各自的趣味不断再来一张，优中选优。

从这一棵树倚靠到那一棵树，不断走位，叮嘱同伴稍微蹲矮点，以便仰拍更好地把树叶框进来。拍几张女伴便停下来检查纠正一番，得到指令后，大爷又继续拍摄。风已经把树叶吹得纷飞，昨天还相互不认识的小孩此刻天然地聚成一堆，收集好一堆银杏落叶，然后抱起，使劲跳跃，再抛向天空。心惊胆战的奶奶不停地叮嘱，"千万不要把石头混进去了。"与此同时，提着口袋的大妈往这边来捡白果了。

每年电子科大叶子最茂盛、黄得最均匀的，好像还是银杏大道上那株，它并不高大也没有多少枝丫。银杏，毫无疑问的主角。当我围着湿地公园走，再穿过电子科大博物馆的时候，越来越惊奇地发现水杉原来也是会变颜色的。细密红棕色的叶子，松果掉了一地，又被人踩成一团。如果没认错，应该是叫松果吧。树，密密一片，一排树叶都变色了。

同样的银杏，山里老街散落的古老银杏是另一种味道。景致更为自然和谐，似乎也更有灵气。头天想起该去都江堰看银杏了，迅速买了张动车票。早晨，弥漫在山顶的雾气还没有消散，从离堆公园站钻出，沿着河道往广场走，虽是枯水季节，水量却依旧充沛，翻腾起浪花。河边大排档生意冷清，连廊桥上人都不见得多。

都江堰好啊，不买门票，绕着周围溜达一圈，都感觉舒服。初夏看梧桐细雨，一片鲜绿心旷神怡；秋冬，梧桐变了色，好看，但最好看的，还得是银杏。天冷脚冻，坐不住，就适合溜达、吸氧。通常我喜欢沿着文庙街，再踏上红塔路，路过烈士陵园，右转走两步，最后再去川农的都江堰校区走两步。

在合并之前，川农都江堰校区其实是四川省林业学校，王思聪的爷爷、王健林的父亲王义全在这里当过副校长、副书记。据说，他喜欢在川农的湖边坐着晒晒太阳。不算大的川农都江堰校区，有自己的植物园，郁郁葱葱的树木遮挡了冬日暖阳，小森林的感觉。学生喜欢在里面拍摄影作业。进来的路人，还是为了绿草坪上那一圈的银杏。

山脚地区的银杏，比平原黄得更早。掉光的落叶，灰黑色的树枝，在初冬清冷天空的色彩下，像一幅水墨画，和周围的环境一样，适合细品慢感受，韵味十足。和山，和林，和天空，交相辉映。逛完，我总是习惯性地原路返回。快到烈士陵园的大门，不算宽的建设路上的银杏、梧桐更加渲染了这种寂静。公交车呼地驶过，卷起落叶，"吱……吱……"，是枯叶碎了的声音。

成都平原初雪时

文庙，专设官员下马的地方，制度严格，十分讲究。依山势而建的庙宇，一层一层往上爬，四五棵冲天的古柏成为分界线。除了一个亲子团，一群小朋友在玩体验传统的游戏，以及三两个外国友人，不见几个人进来，依旧是安静。树上系着过期的心愿卡片，卡片上那些单纯的留言也是好笑。现在的小孩，原来也和我们当时差不多呀，一点儿没变。不知应该欢喜，还是悲伤。

很短的路途中，经过文庙街还有都江堰的老瓦房，木板门大多紧锁，卖菜卖肉的摊位传来手搓麻将一两声。老的单元楼，铁门敞开，都已经快要改造。红底的标语挂了若干条，大意是知识分子要带好头。转过街角，突然又莫名出现的银杏，不知道明年此时再来还在不在。或许会被卖了栽进某个商业小区吧。但川农的银杏，还可以长长久久、默默地继续看。

等银杏的枯叶全都凋零，再冷一些，再冷一些，成都平原下初雪的时候，都江堰旁边的青城山，此时也值得探访。冷空气南下，成都的湿冷又加剧。刚过去的周六，天气预报在头三天就说可能要下雪。凛冽的风中，所有人都在期待，也做好了不下雪就算了的准备，毕竟成都市区下雪，一直是个小概率的事件。一心想欣赏初雪的成都人把目光放到了青城山，我就是其中之一。

海拔每升高100米，气温下降0.6度，海拔够高的青城山怎么着也应该会下雪。虽有想去赏雪的冲动，但要一早从被窝中钻出向山行，还是额外要下一番决心。对成都人来说，夏季的青城山风凉水急，那才是一年当中最好的日子，消夏，尤其得是后山。前山，是要来了外地朋友，才陪同一起感受人文景观和自然景观的双剑合璧。我去的前山，头天九点准时薅了张免费票，刷身份证进景区。

下高铁换101路，两个站后就是前山山脚，到山门还有一公里。时间充裕，步行上山最好。零星小雨中，水杉的叶子掉在地上粘成一片。芭蕉还是绿的，梧桐叶枯成木棕色。别的光秃秃的枝丫，水滴要掉不掉，男生对女生说："背景如果是黑色，就这个镜头拍出来很舒服。"我回头看了一眼，他脖子上挂着单反。我只想狠狠地吹一口气，看那些水滴会不会坠落，抑或它们正在结成冰。

山上，一定可以看到雪。人们在杜甫曾经避雨的地方盖了亭子；指着一块刻了字的石头，蒋介石到青城山的故事又被导游提了两句。月城湖，湖面流动的烟雾更显得水的寒冷，脑中一时想起《琅琊榜》中江左梅郎出场的镜头，然后又哼了两句周杰伦的"天青色等烟雨，而我在等你……"，山峰笼罩在迷雾中，哪边高哪边低自然是分不清，但这并不妨碍导游给你讲其中蕴含的风水哲学，顺便提了嘴香港李嘉诚，或者哪个明星有来看过。

越往上攀爬，雾越浓，我好像很久都没看过这么浓密、这么白茫茫的雾。小学的时候，每到冬季，一场浓雾往往还伴随全兴酒厂的酒糟味，下课我们就在这样浓雾笼罩的操场中瞎跑，铃声响起，靠声音辨认教学楼的位置。雾气笼罩的青城山，有人抱怨看不清远山，我猜测林中真的有精灵或者仙官。

雪，是快要到慈云阁的时候，在树丫之间发现的，瓦片上的碎雪，化成水，顺着瓦片滴落。在上清宫，平台上的石狮子上的雪和杜鹃花相映成趣，不知道张大千是不是也觉得美妙。俯瞰，张大千故居小花园乱糟糟的，透露着无为，迷雾中若即若离，这样子我倒是很喜欢。可惜了那块鸳鸯井的石碑，屋子里旧照片看着还好好的，走近看却是残缺破碎，也不知道什么时候就碎了。字出自张大千之手，也不知道石碑到底还是不是个宝。

穿梭于雾气弥漫的山路。天师洞，巨大挺拔的柳杉，应该是孙悟空漂洋过海拜师菩提老祖的地方。在第五洞天歇脚的老者向路人说起青城后山都是些小庙庙，之后他又继续下山。路板依旧湿润，没有雨，雪化的滴答声还在继续。要是雪再大一点，积多一点，青城山在这个季节也未必不精彩。🈷

● 不如赶场耍
BURU GANCHANG SHUA

之前看到一帖子，里面详尽地标明了成都周边每个地方主要场镇赶集的时间，更多是为现在为数不多的小商小贩所准备。几乎每个场镇都有一个大型的集市，通常就在镇子最核心、人流最密集的区域。你能在逢场天的场镇购得生活生产所需十之八九的物品。我没少混迹其中，每次都像是走进了一片江湖。

至今仍然记得在一个逢场天，我们家刚打完油，在油坊前面的空地上，人早就围成一圈。里面一留着马尾的大汉赤裸上身，身边放着一块板子，上面盖着白布，一位和他同龄的中年女子在讲话。在对可能没命的危险系数的足够渲染之后，小孩端着盆儿走了一圈，往其中放钱者众多。好戏这才开始，一根长矛缓慢但有力地刺向他最为脆弱的咽喉。长矛弯了大半，马尾大汉无恙，掌声雷动。

马家场

除了坐在公园或河边喝茶，场镇的集市会是另一个打发时间、长见识的好场所。约定俗成的时间，老辈子都晓得 2、5、8 赶马家场。意思是每个月的 2 号、5 号、8 号，12 号、15 号、18 号，22 号、25 号、28 号都是马家场赶场的日子。马家场的位置特别，清水河把土龙路分成两段，靠近 IT 大道那段属于金牛区，过了河走上一小段便是青羊区的黄田坝。土龙路隔壁，是 132 厂的机场。

就是在这河网还算密布，两地交界的地方，藏着有
400 年历史的马家场，这是目前成都三环边上唯一
存在的百年场镇。平时的马家场安静，每到逢场的日
子，各行各业的小商小贩自动会集，婆婆大爷也相约
前去添置家中缺少的物品。赶场是乡村小镇的盛事。

我是在一个逢场天去的马家场，以前破碎的路已经
硬化过了，绿化带变宽。这条路上经典的农家乐，
诸如一品甲鱼庄、乡村土菜和寇花莲，隐藏在一片
废墟之中。宣兔头搬到了淳枫园附近的小路里。在
废墟的包围中，马家场还在挣扎着保持活力。朱红
色的木板褪了色，小卖部的窗口，盼盼薯片和旺仔
QQ 糖挂起。老式的理发店，张贴着泛黄的画报，
里面坐着头发苍白的人，他们对剪法没有多余的要
求。狭窄的街道桥头挤满了各种摊位，搭一张桌子
扯一张油布纸就摆起来。

卖打火机的把火机堆成一堆，一块钱拿两个。一块
钱一张的碟片也随意铺在地上，都是诸如《花木
兰》之类老旧过时的片子。各种江湖术士，售卖的
当然是癣药和"大力丸"之类的壮阳补肾药，包装
显得露骨，一位大叔拿了两盒装在透明袋子中，卖
药的老板直笑："吃了你好我也好，就对了。"挑
鸡眼的人也挂起一张大塑料宣传广告，"祖传"二
字看似厉害，但我只对他那堆放在红布上的神秘的
瓶瓶罐罐感兴趣。

恐怕只有老场镇上才可以看到银匠和修钟表的。一
个小玻璃盒子中摆上几件饰品，简单的款式，有中
意的，谈好价格之后他便拿出工具叮当敲起来。
还有卖种子的、卖秧秧的。这个季节适合种苦瓜和
莴笋。勤劳的人买回去种在随便捡的一块空地上，
丰收了又拿到桥边贩卖。卖相不见得好，但没打过
药纯绿色，总能卖个好价钱。

上午 9 点过，赶早场的人已经把最新鲜的猪肉青菜拎在了手上，等待着坐 29 路往回走。虽然附近有个沃尔玛，但中老年人显然还是更习惯逛这种老场镇。女的赶场负责买菜买肉；男的则大多在河边随便找家茶馆喝茶，交流最新的资讯。河边支满方桌、竹椅，空气中弥漫着浓浓的茶水和叶子烟的味道。茶客们穿的衣服，就像是马家场卖的那种，全是细碎的图案，花花绿绿，几十块钱一件，便宜又凉快。凉皮鞋，也是二三十一双。

会过日子的女人从来都是在这些本来已经很便宜的菜中间再挑来挑去。韭菜花三元一把，玉米三块五，泡豇豆白豇豆，都是两元一斤。明码标价的牌子，上面写着"过抓"就不准挑选，否则是另外一个价格。活鸡五元一斤，包杀。一个大叔在和老伴嘀咕，"这么相因，你看现在的鸡都吃些啥子嘛。"

也有贵的。场口那家生意极好，顾客选中一只，老板娘便麻利地拎起来递给她男人，那男人也麻利，三下五除二地把杀好的鸡扔进滚烫的锅中，然后拔毛装袋，就几分钟的时间。而他们的小孩，在三轮车上独自玩耍，这是做小买卖人的常态。马家场的每个逢场日只有上午半天，11 点半小商小贩就开始收拾转场了，节奏必须得快。卖剩下的丝瓜，一块一斤，莲花白，一块钱两个，各家的喇叭都在叫嚣。但有位大叔只需凭借自己的嗓音就可以盖过所有的喇叭，称完两块三，那给两块好了，大家都撇脱。一个女人强调着只称两块钱的白菜，老板调侃她实在是太"斯文"。那女人倒也直接，说自己没钱，家中男人只给了这么多。

看见一个路过的熟人，打过招呼之后，卖菜的老婆婆便麻利地把卖剩下的莴笋塞到那人的电瓶车上，白给，让拿回去吃。熟人着急问多少钱，那老婆婆说过一句"笑人得很"之后，空气尴尬了 5 秒，然后大家各自散去。买齐东西，中午再走两步路去吃碗肥肠粉，才能算赶完场。两家肥肠粉都从河那边搬到了河这边，都是马家场老街的旗号，私以为胖娃儿的调味更浓郁，辣椒油更香，唯一的缺点是粉经常煮太软。

苏坡桥

西门另一个不可一世的场镇苏坡桥，它是3、6、9逢场。尽管苏坡乡很早就变成了苏坡街道，但老辈子还是习惯喊苏坡桥，或者娑波桥。恐怕有几百上千年历史的老地名，现在泛指西三环外光华大道口那一大片。如果在苏坡桥之前加上一个"赶"字，每个人则都会心领神会地将范围缩小到现在的苏坡农贸市场。

赶苏坡桥的传统现在依然在商贩和老成都人中得以延续。在去之前，我以为这就是一个常规的老场镇、老菜市。从进大门的那一刻看来，它是令人熟悉的，但也显得很不同。巨大的架子下面除了停着几辆面包车，没有任何生意的繁忙。架子上面全是密密麻麻的钩子和滑轮，地面一片堆积的油脂，每走一步都黏脚并且害怕滑倒。

三四只夹着尾巴的狗在地上觅食。这里白天看着有多冷清，凌晨两三点就有多热闹。上面将挂满生猪，任由做肉类生意的小贩挑选，赶在清晨前运往全城大街小巷的摊位。苏坡农贸市场，也是成都一个主要的猪肉集散市场。

这就难怪苏坡桥的猪肉摊位看起来要比蔬菜摊位更多。其他分门别类的猪肉制品看起来也比别的市场更多更丰富，卖猪头肉的是一个专门的摊位，还有成堆的猪蹄以及猪舌头在别的摊位售卖。过年之前，买回去烟熏做成腊肉应该不错。

曾经的苏坡桥，和成都所有场镇一样，有老街老房子，鳞次栉比的店铺，有铁匠铺、中药铺、鞋店、布店等等，逢场天远郊的贩子带着农产品自发前来。现在，围绕着苏坡农贸市场，场镇的规模已经缩小不少，只有逢场天附近的道路会准许小商小贩聚集。

这是对传统的遵循，也是城市化进程中的一种妥协。

临近过年做团年饭的时间，苏坡桥的烟火气比平日显得更足，人人都想出门置办点菜蔬鱼肉，小贩货进得更多，想再抓紧挣一笔钱，相互成就，这又会增加另一份闹腾。路中间，同样的竹篮，里面或许装着豆干儿，或许装着柠檬……家伙简单，一个人只卖一两样东西，透出老派。灰头土脸的折耳根和芋头，没有清洗也大受欢迎，这意味着买回去能够存放更久的时间。

蒜薹已经上市，脆嫩碧绿，15块钱一斤，年夜饭饭桌上必须得有的一道菜，不用想，过些时日它还会再涨几块钱。装香肠的店铺前，挤满了人，不知道从什么时候起，装香肠成为一种流行。

美人椒四块五一斤，比往年便宜不少；皂角在别的地方可难得遇到；桥洞里卖的老面馒头只需看一眼红漆写就的招牌，就知道很诱人；卖红薯粉的摊位，现在竟然要把身份证复印件贴在上面以证明东西资格……不过等再看到卖红灯笼的，以及土鸡公的时候，还得感叹苏坡桥还是那个保留着老场镇习惯的地方。

犀浦场

我对场镇所有的偏爱应该都来自小时候赶集的美好记忆。以前，我总爱跟着家长赶场，这个日子赶土桥，另一个日子赶犀浦。我们家刚好在这两个场镇之间。现在已经难得去犀浦赶场了，因为不好逛。以前可不是这样，再去，更多是为将来留下一点影像。

犀浦的场镇在现在高铁地铁站的背后。早晚高峰时的犀浦地铁站，队伍排到了大厅外，水泄不通。不时有人吆喝着："美女（帅哥）团结，团结，走不走？"就在站台背后的犀浦综合市场，准确地讲叫场镇，则是另一面。10 年前，这里也热火朝天，是人们隔三岔五都要光顾的中心，任何家庭生活所需，都可在这里购得。

曾经，这里可从成灌路边上的街口进入，人潮涌动，推着自行车是极大的负担，于是寄存在家院了里，领个竹牌牌，便开始逛街。笔直一条的便是花街。曾经的花街，各色鲜活的植物和秧苗集中于此。后来，临街铺面开有洗头房之类的，"花街二楼"遂成犀浦人听到都会会心一笑的词，内涵丰富。

花街的尽头，以前有家皮鞋店，男老板不高且瘦弱。他卖的东西款式时髦，皮子资格，老顾客总喜欢提前告诉老板，下次逢场，帮我带一双什么款式多大尺码的鞋。抵拢倒拐，则是下街岚牌一带，有鸡毛店老店的废墟，2008 年 5 月没的。

鸡毛店早就搬到了临近天河路的位置，鞋铺子也早就不知踪影，现在隔壁只剩一家鸟店叽叽喳喳。该搬走的都搬走了，卷帘门紧锁。真的很少有人光顾，要么老年人，要么少数异乡人慕名而来，找寻在家乡赶场的那种感觉。

二三十年前，犀浦建设盖楼之时，华胜房产的水塔还在坝子上醒目着，只是最近他们有什么新业务，不为人所知。和世界乐园、明珠花园之类一样，同属于那个年代的犀浦。犀浦场镇的布局，曾经是极度明确的，这片坝子，是流动商贩卖衣服、打床单的；那块空地，一到做豆瓣酱的季节，大车上堆的全是红火的二荆条，剁碎的鲜辣椒味刺鼻；而这条巷子，可以买到菜刀、铁锅、拴狗的链子……就是《木兰辞》中"东市买骏马，西市买鞍鞯，南市买辔头，北市买长鞭"一般的景象。

现在依旧是这样的布局，只有少数商家还在维持买卖。两三家拖鞋、布鞋摊，DVD 摊只剩最后一家。两个有脚手架的大棚，和一些商场的闲置率几乎差不多。灯光几乎没有，全靠顶上几块透明瓦，等自然光洒下。

"小心扒手"的提醒，早已泛黄蒙灰。脚手架里有罩衣、袖套，商贩还是从荷花池进的货，由大木箱子里取出来挂在竹竿上。店主还是习惯喊高价，要买的人还是按照以前的方式不断还价，假装要走，然后你听到的依旧是老板的"转来转来，你过来说嘛……这个价钱真的做不出来……下次还来照顾我哈"。

拐角处，做批发的超市已经没了，只剩下草药铺子。一片狼藉之中，以前卖青果、胖大海的大妈，还在继续。隔了多少年，她中气十足略尖的嗓音还在耳边。在她的斜对面，拖着三轮车，十几年如一日卖背心、内裤的高个子太婆，那天我看她在角落里理货，还是梳着以前的短发。

太婆卖最朴素款式的白布蓝布贴身衣物，资格纯棉货让人踏实，加上物美价廉好说话，倍受欢迎，现在想起还是让人感到亲切。

比坝子、脚手架更高级的东西，在铺子里。独立一间或几间，各家有卷帘门和小房间。两层高的小楼，有点四合院的布局，方方正正。以前每家的货看着都像精品，价格自然也要贵好几成。

现在，除了临街的一面还有点人气，里面其实也空荡荡。刚准备拍下一家店铺，老板娘就紧张兮兮："你是不是要报上去？"上去？上哪里去？二楼？二楼更加惨淡，出租屋没有厕所，公厕外的水表，各家拿铁皮盒子锁上。还有那些电表，布满灰尘，几个月都没跑一个数字。一溜的锅盖接收器，镜前一把去年的艾草，阳台上的花盆里，种的是葱蒜和厚皮菜。

补衣服的排一排，打银器的也是一排。自行车店变电瓶车店，估计只有他们的生意最好做。很多年前空坝子的一大半就成了老年活动中心，喧嚣的麻将声，成了唯一热闹的存在。这算不得新生，只是重新利用。

临近快铁地铁背后的综合市场，偶有改造的传闻，据说成本太高，也就被搁置了。大批大批的人，新的城市居民，在成灌路对面的新城开疆拓土。百伦广场、永辉超市，以及耍街，成了犀浦新的中心，就连烂尾楼国际大都会这两年也终于拆除，兴建起了理想城。

何为理想之城，一句两句很难公允地说清。我知道，有些人在都市中住久了，又想回到乡下，或者只是周末在青城山的某个镇上找间民宿住两晚也心满意足。让节奏再慢一些，这也是理想。

● 夜市中的成都

YESHI ZHONG DE CHENGDU

促进消费提振经济，现在多了一种叫"夜间经济"的说法。可以粗浅地将这理解成让人晚上别急着回家，多在外面溜达，多花点钱，吃喝玩乐住宿都好。成都近来有些场合也在提这个还算新的说法，窃以为成都早就在这方面做得够好。夜市的发达就是其中一个证明。

仅仅是西门一线，沿着花牌坊出城的方向，一路数得出名字的夜市就至少有 5 个：新城市的夜猫子，西南交大对面的林湾夜市，犀浦河边上的犀浦夜市，川传隔壁的团结夜市，西华大学附近、已经关停了三四年的红光夜市现在还让人心心念念。夜市上总是人头攒动，尤其在夏季，穿着人字拖和加大号的背心短裤，再舒服不过。吃过头了，裤腰带也不会勒。

犀浦夜市

犀浦夜市所在的巷子是一条直路，最里层是卷帘门的店铺，外面一层才是搭起来的一个又一个的棚。人只能簇拥着在仅有正常路面三分之一宽的路中间行走。

"都过节去了，人都没有好多。"晚上 8 点半，夜市上和我擦身而过的男子对着他的几位同伴说。欠缺氛围，他们逛着不爽。美甲摊儿、贴膜的手机壳摊儿，砂锅店……生意冷秋，也焦人。

系着围裙的串串店年轻小工，不分男女，起先是巴巴地在路边望着，看有人靠近，立马换上笑脸，"串串 3 毛一串，吃多少算多少，味道好。"

除了国庆和过年这种大假，每天晚上的犀浦夜市其实都是人声鼎沸的。小时候的某个夜晚，我跟着大人去夜市上溜达，什么也稀奇，最后哪怕只是租几盘光碟回去，都觉得很爽。逛夜市的精髓是什么？看见新奇有意思的，适时地钻进去瞧瞧就好了。

橘红的白炽灯，把红的伞照得更加通透，是夜市标配的颜色。有些服装店的棚子里，高亮度的白色节能灯泡，把每件衣服的蕾丝亮片都照得仔细。犀浦夜市最斑斓的颜色，浓缩在了这一排鱼缸之中，绿的红的，齐活。

周围纺专、西南交大的学生要来逛，再远一点的富士康工人，下班休息，不去最近的顺江小区夜市，打个三轮儿，也往犀浦挤。经济收入很少的学生，城乡接合部的工人，共同组成了犀浦夜市的主力。他们穿着夜市上淘来的衣服，再在那些店挑选着当季新上的款式。

犀浦夜市，大概是一座小型的义乌，两元店的东西，卖得比淘宝还便宜。一个男的拿起一个包包，砍价 30 元后，心满意足地往同行女人的脖子上挂，让她试试好不好看。30 元一条的牛仔裤，20 元一件的数码印花 T 恤……10 元 5 双的袜子，一打一打地买，穿一双丢一双，城市中产不会心疼，他们也不会买。

逛夜市的年轻女人当然也是爱美的，做个指甲，再顺便打个耳洞选对耳环。夜市是很多懵懂少年第一次打耳洞的地方。一家家店，一个个摊位，女人有得逛，男人更多是陪伴，偶尔才去打个气球，看看打火机，选选 39 元一条的全牛皮皮带。

逛累了就吃。在犀浦夜市，怕拉肚子，你就输了。一条烤鱼，两个人吃，一个拉肚子一个没有拉，怪谁？曹氏鸭脖、北京糖葫芦、武汉周黑鸭、寿司、炸洋芋……你能想象到的夜市小吃，犀浦夜市都有，自然不会让你失望。

味道，或许还更好。乐山钵钵鸡看着诱人，但旋转小火锅才是最红的霸主。电烤炉烤肠早就过气，火山石烤肠才是网红。情侣调情，还得去夜市入口，上二楼，直奔华莱士。靠窗而坐，坐拥整个夜市的繁华。

以前夜市口子上总是横七竖八地停着三轮车。小偷猖狂，巡逻的人走过才稍显踏实。小旅店红黄的灯箱暗淡，偶尔会有人问你要不要玩玩。天下夜市都一样，犀浦夜市到底哪里诱人？大概是因为城乡接合部的位置，周围的人员结构，注定需要有这么一种场所。

一张小桌子一个小板凳的地摊儿，昏暗灯光下，有人谋生，有人消遣。

算起来，犀浦夜市搬到现在的位置，起码也有十五六年了。最早的犀浦夜市，是在以前转盘的位置，隔壁一条巷子是犀浦老电影院。搬走之后，街道会集了卖菜的农民。在前一阵，那个位置被纳入地铁建设范围。

建设路夜市

市区里的夜市，要是放在以前，还有春熙路夜市，长顺街的晚上也热闹过一阵。曾经川师附近的半边街夜市，人们说它和台湾夜市很像。现在，电子科大附近的建设路、建设巷最红。依托高校而存在，这也是成都夜市的一大显著特点，没人愿意天天吃食堂。

夏夜的七八点，老远都看得见一缕缕烧烤的烟雾在建设巷上空腾起。是美食让建设巷出了名，肥肠鸡翅、鱿鱼西施、徐亮烤蹄、山城风串串，千椒兔辣辣，还有一堆烤五花肉。

一只只小铁皮烟囱伸向街道，西红柿炒鸡蛋色系的小灯箱拥挤着亮起，人也拥挤着排队，围坐在街边的低矮小桌前醉生梦死。这是一个毕业季，几个学生在电子科大门口合影留念，他们即将告别学校，也将要告别马路对面建设巷的深夜食堂。

本来就昏暗的夜晚，小叶榕的树冠把招牌遮挡个七七八八。越往建设路口走，店面越新越贵气，蜀大侠火锅、重庆渝宗燚火锅，都是仿古的门面；好几家日料店，深木色的招牌，像春熙路的同仁堂。

夜晚第五大道附近，卖衣服的小摊占满了路边的位置，网吧已经淹没在一片餐饮招牌之中。网吧靠近大门的位置，电脑屏幕上闪烁着游戏画面，等待谁开始下一局。

第五大道弧形的街区，是冷热的两面。烤肉店的食客坐满了街边的空坝。一家新开的、有高背木椅的火锅店鲜有人光顾，里面空空荡荡，一个大叔在孤单地"欢迎光临"，目光中没有激情。

第五大道的德克士开了很久，良木缘也开了很久。在一片闪烁的灯光之中，星美沙河影城的招牌一丝光亮都没有，垮了，可也依旧高高在上。踩着不那么厚实的不锈钢楼梯往上，一位遛狗的美女停在露台讲着电话。刚才，另一个美女穿着人字拖被一只金毛拖拽着往前横冲直撞。

建设路不应该只因为美食才为人所知，逛的要点也不应该局限于美食。建设路和它周遭一系列的小街小巷将成都的一个个信箱串联起来，"420信箱""82信箱""69信箱""106信箱"……一个个信箱就是一个个自成一体的小社会。

国光宿舍建设巷的一旁，过去是"6号信箱"、国光电子厂的宿舍区，现在有部分成了第五大道。还有部分，国光宿舍换了个名字，变成了国光街坊，在成都市场占有一席之地的小郡肝串串据说发源地在这里。

往回走的路上，一个卖黄桷兰的老奶奶坐在街沿上，看到一个熟识的捡废品的老奶奶走来，招呼她快快坐下清点一天的收成。或许，她俩就是国光宿舍的居民。建设巷外面热火朝天，国光宿舍则是安静老旧的。大门旁有个卤菜龙虾摊，每个进出小区的人都在考虑要不要买一点回去。

在我进入泥灰色的小区之后，有花从一个个窗口探出头来，遮雨棚上长满了杂草。小区里面的一间卤菜店门口停满了汽车，台面布满灰尘。

国光幼儿园的招牌和图画已经褪色，一家接着一家都是麻将铺，在晚饭时间迎来短暂的空当。小区巷子中，排烟扇呼呼吹，白炽灯的暖光下，沾满了油渍的窗框更加油腻。抬头往上看，天还是那么蓝。

一只哈士奇幼犬瘦弱无比，门把上挂着一袋卤菜，被绳子拴住的它够不着。另一只黑毛狗则夹着尾巴谨慎地觅食。一位阿姨费劲地把电瓶车停稳在单元楼下时，叹了一声："嗨呀，好累哟"！电瓶车上放着一堆菜，进到家里她可能还要忙活煮饭炒菜洗碗。

一位母亲带着骑儿童自行车的小孩往回走，小孩好奇地问妈妈"是不是所有的车都有刹车"，在得到一声"是的呀"之后，继续前行。

还有一位母亲，坐在楼下的椅子上向楼上的女儿喊话："作业做完没有？"女儿回答诚恳："做完了，书包都收拾好了。""那你把绳拿下来跳一下嘛，你看你再不运动就……"她的话没有说完。

这是国光九街坊少有的红房子。老式的旧木桌摆在半露天的屋檐下，一盏塑料台灯，周围堆满了杂物，一个赤裸着上身的男人出来淘完米又钻进了昏暗的房间。

破旧的老房子，仍不缺少生活的创意。一个油瓶稍微剪切出规整的口子，挂在房前养吊兰最为合适。小板凳已经搬出来准备乘凉用了，看到一个男人过来，一个女人问他："今天都上了这么多趟厕所，是不是吃了巴豆哦？"男人笑了一笑，坐了下来。

一家有点日式的茶楼，透明的玻璃、长串的红灯笼，在老旧小区中很打眼，茶楼里一个青年捧着书，还有两个在对弈。

以前电子科大南苑的陈师眼镜店搬到了这边。背着粉色小包的男人搂着他的对象，从一家同是粉色的成人用品店经过，说说笑笑。当再次回到电子科大校门口的时候，有水果贩子已经把三轮车摆在了靠近路口的地方，喇叭里喊着杧果5元两斤。

绿灯亮起，人依旧熙来攘往地在学校和建设巷之间穿梭。吃食之外，他们共同组成了成都夜市不可忽视的另一面。

郫都夜市

在我逛过的众多夜市中，郫都区郫筒镇东大街上的郫都夜市也是一个拥有五花八门美食和水泄不通人流的超级夜市。它是郫筒人的生命之光，也是附近一中、二中，甚至还是成都工业学院学生永远都想专门再去吃一遍的神奇存在。

下午五六点天还没黑，郫都夜市的生意就已经开始，陆陆续续有人涌入，卖栀子花的大叔、卖狗的嬢嬢……扎堆于街口。没有牌子，郫都夜市是当地人默默喊出来的，它就在乐大街钟楼和老电影院的隔壁，区医院的斜对面，夹在两排暗红色的房子中间。外地人要准确定位，搜索王府商业街便是。

郫都夜市恐怕也存在有十来年了。

放学，从南兴巷出发，和同学朋友一路走一路耍，穿过星光大道，跨过东大街，再穿到夜市上边看边吃，几乎就是一条直线，这是大部分一中和二中同学日复一日的标准动作。专门找了一天，从南兴巷一路吃到夜市，我决定把郫筒人私藏的，或者从小吃到大的美食都介绍给你们。

以东大街为界，先说夜市那边。

众多夜市上的鱿鱼摊位中，我在郫筒的朋友尤为推荐的是街口的福记特色鱿鱼。摊主是一位大姐，手脚麻利，铲子压在鱿鱼上嗞嗞作响，加盐撒辣椒面，不管是烤鱿鱼，还是再加一份土豆，动作一点都不拖泥带水。东西本身很新鲜，鱿鱼板厚嫩，烤出来的鱿鱼须，尤其是尖尖上，焦香弹牙，烤的手艺比别家要好不少。我看到老板的摊位上贴着一张招工启事，月薪 6000 元到 8000 元，这也足以说明夜市生意的火爆。

酥肉豆花这种小吃，恐怕只有在郫都区的夜市才吃得到。夜市上有两三家，每次我们都很自觉地往拐口上的徐记酥肉豆花走。专门的一口锅，分为内外两层，内层烧水加热，外层是豆花和红薯粉煮成的糊糊。

标准的咸豆花做法，麻辣红油和馓子看起来就诱人。端上来就要使劲和匀，看到和成泥巴色，下面的海带丝都均匀地翻上来了才算好。酥肉是五花肉做成的，不肥不瘦，豆花相当嫩气，每一勺入口都浓稠爽滑。

从酥肉豆花那条巷子出去，有很多烤肉和冒菜。每次我都很喜欢去吃那家巷巷冒菜，从高中毕业一直吃到现在。胖孃孃经常都很热情地在口子上招呼客人，我们每次都喜欢坐在街沿更高的坎坎上吃。

一个人吃一个小份，特定的篮子，菜随便捡。汤底的香料味自然纯正，辣味又鲜又厚重。加饭是一个人一元，沥米饭配冒菜，就可以非常满足地吃到撑。无拘无束，不管坐相和吃相，应该也就只有在夜市上才可以这么随意。

还有一家主打烤肉皮、烤猪蹄的小摊。看起来不大一串，猪皮拔过毛、剔过肥肉、卤制、串好之后才能上烤架。颜色由浅变深很快起卷儿，流口水了……5 元 4 串，嚼起来不绵，炰噜噜很弹。就算加料烤制之后，还是有一股很浓的卤香味，层次丰富，让人回味无穷。

口子上那家新奥尔良烧烤虽然是电烤的，整体水平还是相当高。传统的烧烤菜品几乎都有，就算像我一样只要一串鸡尖也完全不会被嫌弃，顺便就烤了。孜然烤面筋，也是郫都夜市的标配，无法考证是不是如招牌所述是第一家，但它确实存在了好多年。高山洋芋只卖炸洋芋，口感和郫都区城区的老式炸洋芋都不太一样，外皮很脆，里面却很粉很软。油锅咕噜咕噜的阵仗，应该没人能抵挡得了。

寿司、冰粉，像傅记排骨之类夜市网红美食，郫都夜市也是与时俱进地有了。边吃边逛，这个时候转场星光大道和南兴巷显然不是一个好主意。夜市可以做白天的生意，街那边南兴巷的美食，主要是早上和中午。它们共同组成几乎 24 小时都有美食可吃的盛景，也足见成都人是多么沉迷于吃。

南兴巷是郫都区数一数二的餐饮街。东西实惠，尤其以深受学生欢迎的面、冒菜、炒饭、抄手、饺子和豆汤饭之类最为普遍。也是一中和二中学生中午的第二食堂，穿着校服的学生陆陆续续就近解决午饭问题。

虽然只是中学附近的好吃街，但南兴巷很大程度上还是包含了全国各地的美食。南京特色的灌汤包，听口音都像是南京人在卖。皮儿薄，里面的汤汁也相当饱满。一口一个，馅儿又嫩又入味。

教师公寓对面有两家卖炸洋芋的相互挨着，一家招牌写的"无名小吃"，但大家私底下都直接根据老板的身材，喊他们家是"胖叔叔炸洋芋"。另一家是"瘦叔叔炸洋芋"，真的很巧。胖叔叔家采用的是标准老式炸洋芋的做法，油炸之后也像是卤煮过的感觉。每一坨都很粉很瓷实，辣椒面和大头菜颗颗，完全就是小时候的味道。他们家的烩面也是一绝，午饭想换个口味就去了。

南兴巷整治重新打造之后，多了很多小而美的奶茶店、饺子店。三友书店进去的那家"鸡独叫"，他们家的饺子让很多人都赞不绝口。堂子不宽，红油水饺辣椒香而不燥。按钟水饺的做法，甜味稍重。主要是鲜肉馅和韭菜馅，每个都是阿姨现包出来的。据说鸡独叫的冒菜也很好吃。就像店名有意思一样，男老板没事还喜欢养鸟，点一根叶子烟，工作休闲两不误。

如果是吃炒饭，十有八九是刘记炒饭。隔壁不远处的烧烤炒饭，生意其实也相当火爆。自己选菜，每一串菜都要先油炸过再放到铁板切碎和米粒一起翻炒。调料都是烧烤那些调料，炒出来的米都一颗是一颗的，又辣又香，肯定讨喜，10 块钱，分量也很实在。

至今生意红火的老余翁豆汤饭，两块招牌在南兴巷很是打眼。墙上多了涂鸦，坐在墙角还是当年的感觉。豆汤饭的味道一点没变，豆子软烂，味道很足。上面覆盖的海带，也是炖煮得又厚又软，是我喜欢的那种。一个人，来一碗素豆汤便宜又饱腹，小份才6块钱，还主动给端一碟泡菜。

新开的七港九奶茶店装修算得上很好。疯寿司看起来很新，其实是一家开了五六年的老店。老板好像是二中毕业的，自己在创业。寿司的品种很多，卖得超好的是招牌疯寿司，上面厚厚一层的脆炸，超级香，一点不油腻。里面的牛油果、酱汁也很让人满足。一盒8个，吃完饱腹感还是很强的。

荞面馆、一佳菠菜面，又或者是隆江猪脚饭……一周不重样，每天中午很快就能和同学做好决定到底吃哪家。除了南兴巷到夜市这一路，不断有好吃的，郫都城区还有不少其他老牌美食。比如蒋排骨、黄三姐美容蹄花、芙蓉蹄花、江三哥土豆和一碗冰。

再比如郫筒一小对面包家巷的"一角二分五"，长久以来没得名字，因为最初每串卖这个价，就被喊出了名。现在还在，价格肯定涨了，"一角二分五"其实也有了固定的名字，叫"罗眼镜串串"。干碟还是每次必点，有别的地方吃不到的那种香辣。

每次都说得那么口水滴答，其实成都夜市上或者区县的东西，再好吃又能好吃到哪里去呢。人人会有这样的困惑，但隔一段时间就要特地去一趟，无论方位，只要是夜市就好。真正诱人的其实就是那种惬意的氛围，可能有点破旧，甚至是乱，但这不就是我们每个人都很熟悉的、曾经在家乡生活的场景吗？

人声鼎沸，平价美食扎堆，夜市最难能可贵的就是在里面能看得到家乡的影子，有天然的亲近感。在融入新生活的同时，也无法割舍旧的情感。在某种程度而言，夜市的存在也是成都对大量周围三四线城市涌入这座城市的人的包容，还为他们留存了可以相互倾诉和调节的空间。成都的夜市，如果只是成为美食和休闲的代名词，那它的魅力也终将失去大半。

● 去趟菜市场

QU TANG CAISHICHANG

去一座新的城市，有两个地方我不想错过，一个是博物馆，能从整体上看到这个地方千百年来的方方面面；另一个就是菜市场，在里面最能感受当下这个地方的时令果蔬，以及人们都在谈论些什么。

从微小的细节感受一个地方人的生活节奏和情调，历史越久越大的菜市场，在里面越能将独属于当地的生活味道品得仔细。成都很多的菜市场中，西门，离富人别墅区近的黄忠菜市场，卖着全成都较贵的菜。仅三公里之外，青羊小区农贸市场，则卖着全成都几乎最实惠的菜。

青羊小区菜市场，是一个典型

那天看一档美食节目，写《鱼刺与花椒》的扶霞出场，其中一个镜头正是她在逛青羊菜市场，我一眼就认出来。小时候坐 43 路或 62 路进城，改道之后我总要从抚琴和青羊小区穿过，不宽的街道，林立着小而旧的店铺，还有细长的树。无论大妈还是小年轻，街上的人，随时都拎着蓝白塑料袋装着的菜蔬。

一溜烟儿，从某个巷口便钻出三五辆自行车。车筐里、把手上，都是菜蔬。看着新鲜、丰盛、诱人，便叫人好奇，这附近该是有个大菜市场。从永陵路西站下车，我开始了乱逛。青羊东路、西路、北路，再到青羊西二道路、东一路东二路，还没完，继续二巷三巷……我仿佛走入迷宫，绕不出去。

从一条小巷子穿出去，看见了永陵博物馆，恐怕走远了，那倒回。青羊小区菜市场的大招牌应当是翻新过。午市，早上挑选最新鲜蔬菜的那股热闹劲儿已经没有了。应季的二荆条买回去做豆瓣酱。核桃，咔一声壳就被钳子捏碎，声音清晰无比。少了生意的老板，困倦得面无表情，狗也熟悉地躺在路中央闭目养神。市场上那只奶水丰盈的大黑狗开始来回走动，总有人要给它肉吃，像是个明星。

午觉醒来的人骑着车，或者穿着背心、人字拖，慢悠悠地挑选自己中意的菜、肉和瓜果。所有蔬菜摊位几乎都插起标有价格的小牌子，无所谓你的价格比我低，人人都有魅力吸引自己的老买主。

偷懒或家里来客人了，那去买点卤菜。黄伞、廖记、紫燕这些品牌，都不如扎根青羊小区的刘鹅肉的卤鹅郡肝来得惊艳。

青羊小区菜市场周边吃的丰富。以前菜市场门口有家炸洋芋好吃，小区门口有家爆眼子老头开的串串没了。康二哥以前卖牛杂火锅，现在做起了串串生意。按照习惯，眼镜面早早收拾了摊子，卷帘门只留了一条缝。王记老幺家好吃的肥肠粉还在正常营业。过年，还是要排队去重庆瓜子大王买瓜子。

买菜做饭，或者下馆子……青羊小区周围是成都最具市井味道的街区之一。按我的标准，一个街区市井与否，除了菜市场、鬼饮食这两个先决条件，还要有足够茂盛的树，谋生计的小商小贩，以及悠闲自得的人。在密林的遮盖下，小巷显得潮湿。下午两三点，除了菜市场，整个青羊小区都弥漫着午睡刚醒后的一点倦意。

修建于 20 世纪七八十年代的青羊小区，曾经也洋气过。当年在黄田坝教书的老师，每天下了晚自习还要坐着老 13 路回到青羊小区中的家。砂浆水泥的墙面，灰暗、粗糙。幸好爬山虎喜欢，上墙成了最自然的装饰。第三机关幼儿园门口的两棵大树下，大爷大妈的蒲扇轻一阵重一阵地扇着。知了声盖住了悄悄话。

开得热烈的花和翠绿的芭蕉叶子突破了围墙，小店门口摆放着偷油婆色的碗柜，插销残破了还是好着。转个路口就是意外的美景。再转个路口，屋檐下有人做着小生意，扇子、皮带、钢丝球，没人盯场子，老板忙着在围墙边看人打牌。

总有人聚集在墙边或某个店门口开启一天的牌局，那是"打游击战"做生意的人。他们腰包顾不得取下，光着膀子，红色的内裤边外翻，只愿今天有个好手气。街头小花园内打牌的是清闲的社区老人。麻将、长牌……几个大老爷们儿围着看两人对弈，观棋不语真君子，只见一人手中的香烟悄悄飘起烟雾，棋局更复杂了。

打着蒲扇，在树下、在七里香架子下乘凉，东家长西家短，这也是浮生半日。老小区附近，最多的是锁店。黄铜合金的钥匙，造型古朴，一看就是老款，密密麻麻地挂成一堆。老板坐在阴暗的楼梯口看着电视的同时，也等着哪个老太太掉了钥匙。没生意，另一个街口钥匙摊儿的老板坐在椅子上打起了哈欠。遇到家狭窄的冰粉店，吃了，碗不错，味道一般。前面那家小区门口的陈姐凉粉凉面看起来很好吃，只能下次来敞开吃。

像青羊小区综合市场这样紧紧依靠老社区的菜市场，它和成都的玉林菜市、抚琴菜市算是同类。在网上相约，付费带外地人逛菜市场，顺便在菜市场吃点特色小吃，在一些成都年轻人中已经成了门有趣的生意。

带人逛菜市，也可以是一门生意

我知道一个成都女生，如果不上班，她会带着提前报名的顾客去逛马鞍北路菜市场，讲这里的风土人情。她的顾客中有不少外国人。马鞍北路菜市场也是我相当喜欢的菜市，因为它看起来有点魔幻。临时的老旧菜市场，摊位全都藏在居民楼与居民楼之间纵横交错的小巷子里。一圈转下来，尽管在市中心，也犹如在郊县赶集的感觉。

在一次和同事米真互相交换自己主场的试验中，米真晚上带我去逛兰桂坊，白天我带她去逛两小时马鞍北路菜市场。我觉得我开辟一个带人逛菜市场的业务，业绩应该会不错。

同事米真，大家都知道，是我所在单位的新锐KOL，每次出镜，惊艳全场，没有半点媚俗。只能叫 model，不能叫网红。先前在摩洛哥工作，见过王子；回国，老外朋友依旧认识了不少。喝酒蹦迪，在米真这里就像吃饭睡觉一样稀松平常。有天凌晨一点，我们集体喝完酒吃完烧烤，准备各自打车回家，问米真往哪个方向，她说她要转场去下一家，全场顿时惊呼："哇，这才是年轻人！"

准备去逛马鞍北路菜市场的前一天晚上，我特别叮嘱米真，就穿你最日常的衣服。结果第二天一早，她还是穿着粉红色衣服超短裤就来了。也对，这就是她的日常。我内心最先猜测她可能会穿抱鸡婆拖鞋，妆也不化，推着自行车……像我逛菜市，就只喜欢穿双人字拖。

怂恿米真站在买菜居民之间和市场招牌合影，看到她不知所措心很拘谨我就满意了。但很快，米真就找到了自己和菜市场的相处方式，凹造型拍照。对米真来说，菜市场更像是她拍照的新乐园。张嘴吃生肉的造型，估计老板在这个市场卖了十多二十年也没见过谁有这个画风。看到老式被淘汰的旧冰箱，她一时心动，扮演起了购物宝贝，要打开给大家展示商品的魅力。

新鲜的肥肠她都要摸一下，又怕又爱，老板娘都替她着急，直喊"臭得很！"看到四周张贴着治疗淋病的"牛皮癣"，米真更是兴奋异常："哈哈哈哈，赶快赶快，快给我拍一张。"严肃逛街买菜，米真难得主动停下来。"这个番茄到底怎么选啊，怎么有大的有小的？"还真问倒我了，"品种问题，挑居中长得均匀的吧。"

她什么都觉得新奇，像打开了新世界的大门，像孩子一般。那段时间正值洋姜上市，晒过放泡菜坛子三四天，嘎嘣脆。同事康康让顺便帮她带一斤，所以一路又在跟米真探讨，那种新鲜、颜色亮黄、形状扁平的是仔姜，而我们要买的洋姜是偏圆润的长相。米真一直提醒我，那种是不是就是我们要买的。"那是当作调料的小黄姜啦！"

一圈下来，始终不见洋姜的身影，米真竟然跑到干杂店去问老板有没有货。干杂店不卖鲜货，这个菜市场新手暴露无遗。等了会儿米真说她想买一个柿子来吃，这是逛惯了超市的思维。菜市场卖菜的表面上不说啥，等你走了车过背就要说："只买一个，难得扯袋子。"别说逛菜市，米真一直就没有在家做饭的习惯，顶多逛商场的时候顺便钻进大型超市，买点牛肉跟鸡肉。

以为米真会很快就熟门熟路，掌握菜市场社交的精髓，太婆问她手里拎着的柿子是哪里买的，米真热情回答"倒拐，抵拢，路口那家。"等再一回头，刚想和处理干净的肉鸭合影，但瞟到旁边剥皮只剥到腿脚的兔子，她就吓得魂飞魄散，不顾老板"买点哇"的招呼。

秋天的菜市场色彩好看。红皮的萝卜、青白色的苤蓝……老板娘热情招呼，除了清炒，还可以烧肉或者凉拌。柿子，脆的看起来要比软的诱人；豌豆尖儿红油菜大量上市……米真说她确实没怎么看过这么闹热和富有生活味的场景。有些菜不认识，价格应该是多少她心里也没谱，她最大的兴趣在于发现这些搞怪的口音，入门简单。看到"b""p"不分，蒲公英被写成"布公英"她就差点笑岔气。人间现实，又触摸到一层。

洋姜意外地在一个骑电瓶车的大爷那里觅得。逛完菜市场，在路口买了一串糖油果子，米真赞不绝口。对面就是甘记肥肠粉，我俩都是第一次吃，吃完米真低声评价："我觉得没那么惊艳。""对，就是很正常的味道，还没我们犀浦街上老四中斜对面那两口子卖的好吃。"

不过下次再去马鞍北路菜市场，还是要吃。是呀，不管在哪里逛完哪一个菜市场，都还是要在最后吃点什么才算完美收尾。和买肉、买菜、买水果、买一把花一样，都是逛菜市场完整流程的一部分。🄣

● 被遗忘的角落

BEI YIWANG DE JIAOLUO

像川博万佛寺石刻馆、友爱子云墓这样的地方，在成都生活了大半辈子的人都不见得听过或者去过。每次遇到，都像是发现了宝藏一般。多看两眼之后，总有它们都不应该被隐藏和埋没的惋惜。但终究因为种种原因，它们没能在当下变得更令人瞩目，是清净之地，也是充满遗憾之地。

万佛寺石刻馆

看了两期《国家宝藏》就看不下去了，新鲜劲儿就那么一下。第一季没有我大四川博物院的宝物，有点失望。

单说其中的一部分，张大千临摹敦煌壁画 200 多幅，四川博物院就收藏了 183 幅，算上大千的私人印章，开辟一个专馆可能都放不下。更别说极具特点的川西平原上的青铜器、石砖画像……尤其是有块重点突出的汉代"野合"画像砖，现在找到的，全国就那么一块。

川博好几个展馆，精品不少。我每次去都对三楼角那不太醒目的万佛寺石刻馆流连忘返。万佛寺石刻馆的位置在角落里，牌匾藏在蜀绣工艺品旁边的小过道之中，稍不注意，就会错过。

所以当第一次莫名其妙地从后门钻进去的时候，神秘、震撼和惊喜这三重感受瞬间向我袭来，但看完又有点五味杂陈。

这是半座寺庙，残存的半座寺庙。残缺的佛像、菩萨像，看到之后疑惑，怎么会成了这个样子？但幸好只是头、手和躯干分离，各部分保存得还算完好。依旧存在的美感，会让人暂时遗忘何以会这样的疑问，佛头圆润，鼻子挺拔。

巨大的身子，线条感极好，流畅无比。阿育王的那件衣服，非常像某种三角形的海鱼造型。各种造像碑、造像龛，那么小一块，依旧雕刻得无比精细。不懂门路的人也有这样的感觉，手艺要比修新如旧的寺庙高明百倍，也比石材城的灵气高上千倍。

等时代变化，更加复杂一点的纹饰出现，细节、人物有机混合，才更让人惊觉，大概没有什么是那些创作者不能做到的吧。十年磨一剑，造一尊心里的佛，又要多长的岁月？众所周知，成都还是有那么几座著名的寺院，大慈寺、文殊院，再远一点，还有昭觉寺，新都的宝光寺。

现在只在学界著名的万佛寺，曾经就在西门外的通锦桥附近。它也曾香火鼎盛。相传万佛寺建造于东汉年间，千年的历史，最后在明朝末年毁于战火之中，佛像断头断手。

最鼎盛的时期，似乎是在南朝，因为考古挖出来的宝贝，集中于这个时代。"南朝四百八十寺，多少楼台烟雨中。"曾经平民百姓在香火中的膜拜，现在变成了目光的交会、凝视。

看不懂更多，这种情绪都足够让人着迷。比当时楼下那些正在特展的印度笈多时代的造像，都更加让人沉醉、感同身受。虽然我不得不承认，特展的布展水平、呈现状态更加高级。对比着看看，顺便再对比看看中国别的地方同时期的佛像，如果能再有那么一场特展，一定也要对比着看才妙。

扬雄墓

尽管扬雄的头衔看起来比杜甫还要高大上许多，"西路孔子""中国西方圣人"，他是中国儒学史上继孔子之后的一代鸿儒，是中国文化史上唯一在哲学、天文学、文字学、语言学、历史学上有独创专著的文化巨擘。

但我也是在学刘禹锡那句"南阳诸葛庐，西蜀子云亭，何陋之有"才知道子云也就是扬雄，他是郫县（现郫都区）友爱人。

地图上标注的子云亭就在扬雄墓附近，网上却看不到半点音讯，反倒是绵阳西科大后来新建的子云亭有更多人打卡。也罢，反正乡间小路，出行不便，于是我按图索骥去了扬雄墓看看。

很多年前作家何大草专程去一探扬雄墓的究竟，开着他的老式捷达从温江出发，但最后恐怕更多还是变成了在友爱镇的民间采风。一看到扬雄墓周围的机耕道，几只流浪狗，小院柴扉，清风雅静，和扬雄昔日的地位不相匹配，五味杂陈，然后何大草再感叹一番，扬雄所擅长的"赋"其实也没落了好一阵了。

我是从友爱农科村出来顺便去的扬雄墓。

隔着两三公里的距离，本以为能慢慢走拢，但乡村公路走着实在冷清；想骑个共享单车，找了半天才发现原来刚好在运营范围的边缘；幸好来了辆公交，赶快上去。尽管只有两个站，还是时刻注意着，距离扬雄墓最近的站台名字叫"招呼站"，下车之后还得继续在高大苗木包围的乡村公路上步行。

只看外表其实什么都不能感觉到。这时候岔路口一块四川省重点文物保护单位的石碑就显得尤为有仪式感，和水泥路两边的两排柏树透露的信息一样，扬雄墓就在尽头。

尽管附近还有菜地，有人仍在挥舞着锄头，还有破败的竹林，但现在的扬雄墓周围，多少还是要比何大草去的那年规整一些。

那条百米的水泥路专门通往扬雄墓。巨大的坟冢，外观似乎比武侯祠里的刘备墓更大，就是墓前的两棵大树没那么讲究，不是标准的千年柏树。

坟冢上倒是栽种了一片密集的小树。扬雄墓在历史上就曾经被毁坏过多次，现在呈现在眼前的也应该是不久前才修缮过的。周围十来米被开垦成绿地，种上铺地柏；一圈石头看着很新；那块碑是 2018 年才新刻的。

绕着坟冢走了两圈，除了冷清我不知道还能想到些什么。再默背一遍"南阳诸葛庐，西蜀子云亭，何陋之有"，我其实依旧对扬雄一无所知。

空手而来，自然没有香蜡，也没有叩拜——不知从何拜起。不见人烟，未燃尽的红烛，以及路边一只垃圾桶里塞满了食品包装袋，才证明先前的确是还有别人来过。待了10 分钟，我也撤退了。当地已经打算打理擦亮扬雄这块招牌。清明将至，每年该去扬雄墓扫墓的人，都还是会照例前去吧。

扬雄在现今受到的冷遇，应该和他那一套学说太过复杂有关，不是什么显学，研究者甚少，普通人接受起来更是困难重重，也就被人遗忘了。

四川书市

四川书市的清冷，像所有的商场一样，也是在网购盛行之后开始的。

每年官方统计的人均阅读量是在上升的，但书店的日子就是不太好过。除了生意人进货，我很难想象还有谁会一去再去四川书市逛的。

有天偶然坐车从北大街路过，看到四川书市四个大字，我才恍然大悟原来它搬到这里来了。尽管它在2012年左右就从盐市口搬了过来。盐市口的四川书市我是熟悉的，就在小百货很多的梨花街那片。书市里的铺子几乎没有围墙，更像是摊位一样的存在，全部铺开，阵仗可想而知。

我曾经在里面买过两套教辅，绿皮，有单独的厚壳子。现在想起教辅做这么精美，也是何必。不过价格比小书店便宜倒是真的。

上了年纪的成都人肯定很多都对老四川书市很熟悉。它搬家曾是全城的大事。媒体去采访，依依不舍的除了市场里的销售大姐，就是成都的老年人们了。

搬到现在的北大街也有六七年时间了，看起来真的还和我印象中老书市的布局没啥两样。从1992年建立起，四川书市的定位就是图书音像批发市场，它一度也是中国相当牛的一个市场。

三十年河东三十年河西，我那天中午去的时候，感觉还是有点人气冷清，听到一些店主谈起别的地方的市场的情况，其实也好不到哪里去。

二楼倒是没什么空闲的摊位，各类教辅、小说和心灵鸡汤式的书籍不少，偶尔几家卖玩具、地图的挤在中间。他们总是很好辨认，看到卖地球仪就知道了。

不到三个星期又是一年高考季，考生超过千万。竞争激烈，我想肯定还有不少考生的《五年高考三年模拟》依旧是新崭崭的。这套参考资料依旧畅销，至少我去四川书市逛的时候，它们还大量地出现在显眼的位置上。

三楼主营杂志，军事的、历史的，暗色系的封面，看起来就觉得其内容的可信度并没有多高。当然也有《读者》《意林》之类的读物。《红秀》之类的时尚刊物也是有的。可能是我中午去时间点不太对，只看到几个中老年人在里面溜达。

在个别杂志摊位拍照会被提醒别拍，但大多数老板还是很随意。忙着吃饭，忙着卸货，忙着打包，忙着休息……摊位前张贴着手绘的售卖海报，而墙上挂的是"扫黄打非"以及禁售盗版物品的标语。

逛下来，我有大概这么几个整体印象。实体书店，尤其是这种批发类型的，更为传统的，人气很难保证，或许他们的交易更多还是靠关系和人情。

各式教辅依旧占了绝大部分，中小学的、考研的、考公务员的……和兴趣培训相关的也不少，诸如奥数和乐器。网络技术类的自学书籍也很普遍，书名真的很爱用"从入门到精通"这个套路。大概还是可以从中间接感受到未成年人教育竞争的压力，成年人对自身提升的压力也一直没有减轻过。

或许，这些书的盈利状况要比这里的其他书好，因为践行薄利多销的原则。通常背后潜在的逻辑是社会、艺术和财经之类的书籍可以少看，但习题册不可以不买，几套综合使用效果更佳。突然又理解了，为什么一些艺术家钟情搜集各式习题册和教辅，然后把它们做成艺术装置。

除了卖书的摊位，四川书市的楼里还有一两家培训学校。用起来总比空起来好，是这么个道理。书市斜对面是一家峨影音像，褪色的红，看起来有点年辰，二楼以上看起来像是完全闲置。我本来以为四川书市会有较多旧书卖，想淘两本的，钱都带好了，但当天却没看到。

不管是万佛寺石刻馆、子云墓，还是四川书市，它们都得想个什么新的办法让人愿意多去。可万一哪天又人山人海，有人也应该不高兴了，觉得破坏了小众的美感，想想还真是很难将就。🇹🇿

● 名字听过，但是……

或是因没有胆量，想进去又不敢，望一眼大门，用"肯定不能随便进去"的借口宽慰自己；抑或是因总是疲于两点一线、三点一线，说改天再去吧。改天的改天，就忘了。等想起，可能地方已经不在了，即便在，也不是当时想看的那个了。这，其实也像是还没有参悟透人生苦短，应当及时行乐的道理。没去过，能闯就要闯一闯，这样，成都人的脚杆才是最野的。

三医院

"三医院（成都市第三人民医院）在成都的几个医院里面比起来，条件是最孬（piè）的。"在一次瞧病的时候，我听到边上一位老头喘着气抱怨。绕了一圈才找到自己要去的科室，他口中的条件，肯定是指建筑格局。

要是医生的条件孬功力差，他怎么又会"委屈"自己来三医院瞧病！当然有人会嫌弃现在的三医院陈旧，但我很喜欢。好几年前看望一位重病的亲友，三医院的旧而不乱就让我印象深刻。

和华西、省医院一样都是三甲，每次有啥事情前往，很好挂号；老式的格局，看完病没事还可以当公园逛。我知道，对任何病重求医心切的人来说，很难有闲心把医院当公园。在不能动旧空间格局的条件限制下，三医院已经在导诊方面做得够细致，拐角处都有导医台，每栋楼之间更有遮雨棚连接……你总能看到数量不少的"天线宝宝"在院区里溜达，为康复或下一次手术做身体上的准备。

他们除了头发很短，身上固定着器械，其实和一般病人没有什么不同。这得益于骨科主任梁益建的努力。"2008年至今，梁益建让2000多位极重度脊柱畸形的患者挺直了脊梁，打开'被折叠的人生'。"

看到"天线宝宝"们溜达聊天，去三医院的小卖部买冰激凌，这样的细微感动，其实和2016年看到《感动中国》中梁医生曾经的患者康复后为他献花送奖杯的感动一样。

如果说高大钢筋水泥的医院大楼能带给人医疗水平更加现代化的心理暗示，那么三医院那些旧旧的相对分散的小楼和花园，直接给人以底蕴深厚、资历不浅的观感。

这对病人来说，其实依旧重要。三医院也的确算得上辈分极高。在抗日战争时期，战区大学内迁成都，1938 年，中央大学医学院、华西协合大学和齐鲁大学在四圣祠的仁济医院组建"三大学联合医院"。

三年之后，中央大学医学院退出，在正府街 122 号组建附属医院，取名"成都公立医院"。后来经过几次调整和更名，从成都公立医院、四川省立医院、川西医院、四川省人民医院到成都市人民医院。

在 1955 年，三医院才更名为现在的名字。而现在的省医院，也算得上是从三医院分家出去的。三医院在当时提供了很多设备和人员给青羊宫附近新建的省医院。

住院大楼门前落成了戚寿南先生的纪念像，他毕业于金陵大学，又从美国顶尖大学学成归国，是我国现代内科医学的奠基人。

戚寿南正是三医院的首任院长。他像所有伟大的医学家一样，医术高明，培育人才，受人尊崇。还有很多名医曾在这里救死扶伤，使得三医院稳稳当当在骡马市这块地上扎根了将近百年。

成都市人民政府昔日的办公楼留给医院继续发挥作用，也算是难得的好事。两三层高的小楼，诊室分列走廊两侧，天花板是拱形的，灯看起来也很有年代感。实木的楼梯，曲线圆润，轻轻用手一敲，每一下都稳当，只有木地板有嘎吱声。

除了门口贴着医药代表禁止入内的标签，整个环境都很像年代戏中的场景。种植近百年的银桦，这个树种在成都应该也是不多见的。

这几栋挂牌受到保护的小楼，最早其实可以追溯到 20 世纪 30 年代。"采用中西合璧的风格设计，有着浓郁的天主教风格……"在 20 世纪 50 年代初期，这些小楼成为当时成都市委主要领导和机关的办公场地。

这些小楼成为医院的一部分，不过 10 来年的时间。望着那些暗红的窗子和碧绿的爬山虎，好像这些建筑一直都是以医院的角色存在的，始终让人心平气和。

目前三医院的现代化新大楼在修，就在住院大楼的隔壁，看起来快竣工了。到时候一旦开始使用，对医生对患者来说，各方面都挺好。至少，步行穿梭在院子中，要问好几个人才找得到医生诊室的窘迫会减轻很多。但这些旧的建筑物和空间，又将拿来做什么才不会让人失望？

金牛宾馆

北门的动物园去过无数次，分门别类看过众多动物，但有记忆以来，我第一次看见孔雀却是在金牛宾馆里。小时候听故事，说的都是孔雀骄傲、花枝招展、只会嘚瑟。现在想想，也不知道是谁给它们贴上了这样颇具污名化的标签。

第一次看见鲜活孔雀，我只知道那些闪耀着绿色、蓝色光芒的羽毛是美丽高贵的。那种华美和灵气给我印象之深刻，如果不是再次乱逛金牛宾馆，我唯一能记起的就只有里面的孔雀。

金牛宾馆在老成灌路边上。西门上的娃儿从小就知道金牛宾馆是国宾馆，里面有邓小平的题字。每当有社会活动，就有红色的充气拱门和气球飘起，各种专家学术会议都爱在这里举办。除了重要活动之外的更多时候，金牛宾馆其实是可以进去逛逛的，毕竟是面向社会的服务性场所。

粗壮的黄葛树在列队欢迎贵宾，马路中间，有巨大的人骑公牛雕塑。等我走近仔细看才发现是两头大牛和一头小牛嬉戏在一起，不知道是怎样一种立意。

现在的金牛宾馆给人更多的感觉依旧是老派严谨，西苑、东苑、一号楼、二号楼，都是极具特色的命名方法。深蓝色的玻璃、白色瓷砖墙面的大礼堂，宾馆深处的游泳池，铺的也是白色的瓷砖。在当年，一定很洋气。

金牛宾馆里，柏油马路窄窄的，树木枝繁叶茂，灯还是那种白色圆球状的路灯，像长安街路灯的缩小版。最精华的景色都集中在湖边，汉白玉栏杆的玉带桥，看得出有颐和园昆明湖长堤上那座玉带桥的影子。在我印象中，经常有人在上面照婚纱照。

几个蓝绿彩的中式亭子散落在湖边，没有烟雨，却在垂柳的枝条中显得缥缈。水平但曲折的桥大概是模仿豫园九曲桥而建，偌大的池塘由此划分，一侧是田田的荷叶，清香典雅扑鼻而来。

这里很幽静，最多的是穿蓝色制服的工作人员，还是当年国营单位的范儿。特意到金牛宾馆赏荷花的人没有几个，这里比川大清幽得多，景致也丝毫不差。只是，这个季节的荷花，开得稍微有些衰败，已露出硕大的翠绿莲蓬。

金牛宾馆里的银杏果实也在夏末开始慢慢成熟。等树叶变黄，白果表皮的恶臭也将散发。喂孔雀的地方就在荷塘的边儿上。外面包裹一层塑料的铁网围起来的，是野鸡、野鸭三两只。看你走近，它们也靠过来，以为你是投食者。孔雀还在里面，还是只有一只。孔雀大概有 12 年的寿命，不知道还是不是当年的那只。那孔雀拖着斑斓油光的尾巴徘徊在笼中，等了一阵，依旧没能看到它开屏。反倒是真的投食者靠近，打开鸽舍的房门那一刻，整个鸽群都扑腾起翅膀乱飞。

金牛宾馆的环境比很多公园都好，嫩绿的草坪，郁郁葱葱的树木，松树、柏树、樟树……我叫不出名字的树遮挡了夏日。粗壮的樟树到处都是，只是怎么都不如这株张大千故居前的耐看。

棕色的鸟和黑色的鸟穿行在密林间，每一声叽里呱啦的叫声都听得清楚。树梢的顶端，一个个鸟窝，两只刚刚孵化出来没多久的白鹭幼鸟，从这个枝头扑腾到那个枝头，练习着飞翔。别担心，茂密的枝叶总会接住它们。反倒是你，走在金牛宾馆茂密的树木下面，如果不打伞，估计随时会被白色的鸟粪袭击，就连神兽都逃不脱。

易　园

和金牛宾馆有着同样神秘色彩的是隔壁的易园。门口有穿西裤、白衬衫的保安，我又始终以为是大户人家的府邸，闯不得。于是很长一段时间我一直好奇易园里面到底啥样。其实易园是私人园林博物馆，也免费对外开放。作为五城区内稍微小众低调的地方，它现在是成都 cosplay 圈中有名的拍照胜地，经常有穿着汉服的年轻人进来取景摆造型。

我乱逛之时，刚好遇到一群手持民族古乐器的人在拍片。红色的服饰，是真的配易园的建筑小景。大胸的妹子，有些露出一条大白腿，凹好各自的造型，摄影师在水塘对面咔咔咔，时不时扯大嗓门儿喊着再来一遍。

就在一旁，麻鸭、白鹅在水中自在觅食戏水，表示什么都看不懂。早前易园都还只是被普普通通的围墙围着，冒出来的树木挤出一片绿色，感觉像个苗圃基地。

也就在几年前，当看着一些样式复杂、石阙造型的楼啊围墙啊修起来，灰色砖石围砌的池塘就在路边清晰可见，大门口精心栽种了古黄葛树……虽是仿的，但也觉得还是有些别致。

据说园子是按照《易经》设计的，高深抽象，我是不太懂的，最多看得出个阴阳和八卦。前面是新修起来的砖石建筑，路边绿草坪中摆放着石兽、石灯笼，再来些太湖石之类的奇山异石，高级的灰色，有那么一点日本禅院的感觉。青砖瓦楼、回环的廊檐，使整个园子其实又透出江南建筑的风情。

尤其是池塘的布局，少了围墙的阻隔，几个独立的小院子就又自然而然地串联起来。松啊柏啊，或者杨柳、银杏、黄葛树、爬山虎，从每个窗子望出去，都还有不错的小景。和成都其他地方的景致比起来都算特别。易园里的人算不得多，一路闻着丹桂、银桂的香气，再看看盆景艺术，松柏有型，小小一盆的银杏，却是老树桩。

状态悠闲。偶尔也会有两个老姐妹，穿着旗袍，低调地从包里拿出专业级别的单反，选个亭子建筑相互拍照，更多游人就在水塘边打麻将、喝茶、冲壳子。

此刻的易园，倒有些像高级版的农家乐了，来客是清一色的中老年人。有时候大门打开，站在马路边上都能看见照壁被布置成了中式的红色，有人结婚，有人祝寿。

植物园

春有百花秋有月，夏有凉风冬有雪。不好意思，成都冬天的植物园，没有雪可看。喜欢白色，深灰色行道树新涂上的石灰保护层，清新简洁。刚涂上不久，还没掉色被灰尘玷污。看花，这个季节当然也没啥可期待。除了蜡梅暗香浮动，大概就没别的香气了。红梅白梅？只有少数几株绽放。其他，还得再等些时日才热闹，娇嫩的花骨朵，一颗是一颗。

偶然看见树上开出两朵短节红花，会有惊喜。大草坪的翠绿也变成了枯黄，是北方秋冬的那种颜色。起伏的小丘、斜坡，乱撒几棵树，小孩爬上又荡下。没有欣欣向荣，撑顶帐篷，铺张垫子，有点太阳，也舒服。

只有逛植物园，我才发觉成都的冬天原来也有那么多树是会隆重地落叶的。落叶铺了厚厚一层，一脚下去嘎吱作响。千丈林的叶子全都掉光了，树干细且直，阳光就从树梢倾洒下来，一眼望去，干干净净。树叶自然而然地掉落腐化，枯掉的竹子，只得靠穿蓝色园艺制服的工人，一把一把将它们拖出来。开春冒出笋尖，又是一大丛。

几公里之外就是免费的凤凰山公园，植物园却要收十块钱的门票，值吗？大概，我还是愿意为了看一眼植物科普馆和沙生植物馆，出这么点儿钱。

除了喜欢拍片的人，很少有人知道，植物园里面还有个相当大的温室，里面种满仙人柱之类的热带沙漠植物。

沙生植物馆一定要去看，高大的沙漠植物，一堆堆仙人球……有朋自远方来，呼呼地吹着空调，里面30来度，是穿短袖的温度。随便一拍就是现在流行的 ins 风格。有人在拍婚纱照，假装是在摩洛哥好像也不成问题。真的，永远也不要怀疑婚纱摄影师的选景能力，什么拍出来好看，时下流行什么，他们一清二楚。

我特意搜寻了一遍那些被刻字的金边兰，先前被大面积刻字的，现在只剩少数几片，都被修剪过了。那些刻在杆上的字，就只能成为永久的创伤，无法修复。植物园中央的科普馆，几年前去看还朴素得不行，去年年底装修好重新开放，空间变得通透洋气。本土植物标本的纹理，极具自然美感。

也只有看了地形沙盘，我才能更加直观地感受到四川盆地真的就是盆子底底。七八月爱去的若尔盖草原，真的是高原上的草原，地势突然就抬升成了另一个平台。而植物，就在自己喜欢的地形、山间、林溪间生长。巨大的植物宝库，吸引了早期的法国、英国的植物学家纷纷来探索，他们记录到了大熊猫，记录到了鸽子树（珙桐），并将超千种植物带回欧洲，极大地丰富了欧洲的园艺。

家长带着小孩看得津津有味，我突然想起，自己当年似乎也曾有过当植物学家的梦想。 🔲

● 节日的狂欢

以现在这个条件，过节和不过节又有什么大的区别？好吃好喝轻而易举，隔三岔五的饭局就没停过。除了还有假放，牢记或传承传统之外，仪式感让节日和平日得以区别。

成都人要过的节无非也还是那些，清明、端午、中秋、元旦、元宵。稍微有点特别的，也就是开西博会的时候，中小学至少放半天假。直到有一天，夏季雨水过后，成都人也将吃蘑菇炖松茸渐渐变成了自己的狂欢。无意在商贸城发现的短暂的松茸市场，让我相信，吃松茸也是成都人的一个节日。

所有的节日和假期都意味着狂欢，在不同的场域发生。清明也不例外，纪念亲人，去郊外扫完墓之后，还得约上一场农家乐或者摘草莓的活动。端午要去马鞍北路买粽子，过年，当然要去花市和大型批发市场。

松茸市场

昏暗的走廊里，一个有点高原红的彪形汉子，搬出一个泡沫箱。他还没站定，身边就已经围了一拨人，眼神充满期待。汹涌的人潮，让他的挪动显得没那么轻松，终于选定位置，即使站在队伍的最边上，也没关系。他高声喊了一声，暗暗带着喜悦："开箱啰，才到的货，九十，九十！"简短有力，仪式结束。此刻，女人拨弄了下裙子，其他先前围着的人也立马蹲下挑拣起来，很怕好的货被别人先拣走。

在这昏暗灯光下，看得清看不清的都不重要，颇有赌的意味。他们挑选的是松茸。七八月，雨季到来，大凉山、甘孜州山里的小蘑菇、小菌子都突突地钻了出来。短暂的一个月之后，它们又将消失得无影无踪。自然的馈赠、鲜美的滋味，只在挑剔的时间和地点出现，松茸是其中的极品。

刚刚那一幕是我意外在钢筋水泥的建筑之中撞见的。北三环外商贸城6区——荷花池中药材专业市场——的二楼，可能是成都市面上最大的新鲜松茸市场。不算短的通道，大概五十来米，二十来家，成堆的松茸堆在地上。

犹如沿街菜市场一般的存在，也像晚市之后菜市场尾货的"打瓜"，就差在纸盒子上标明价格。原来松茸还可以像卖土豆、卖海椒一样堆在地上。

捧也行，过刁也可以，密密麻麻的叔叔孃孃围挤其中，都像是行家，看一眼成色，问一嘴价格，伺机下手。像买白菜一样，开新箱最为让人激动，手都伸到箱箱里头去了。

如此魔性夸张，这个场面让我万万没想到，成都人什么时候对松茸的热情有这么高？每个人都大包小包的。便宜？不要钱？也还是要几十块钱一斤的嘛。一对比先前各方对松茸这一顶级食材的赞美，这场面已经足够让我觉得震撼和"暴殄天物"。

几年前《舌尖上的中国》第一季是松茸"加冕称王"的重要转折点。"凌晨三点全村上山采摘……""卓玛和妈妈走一公里的路才能找到一朵松茸……""一只顶级松茸在产地的收购价是80元，6个小时之后，它就会以700元的价格出现在东京的超级市场中……"物以稀为贵，一种又一种仪式感更是将松茸送上了顶级食材的宝座。

大概很少有人记得《舌尖》中的另外两句文案："松茸的味道虽然独特，但是流行在餐桌上不过 30 年。""以前藏族人都不爱吃松茸，嫌它的味儿怪，原来的松茸也就几毛钱一斤。"几年之后，松茸更加风靡，成都人对它的热爱也的确大大超出了我的想象。

在这个以麻辣闻名的西南省会城市，用最简单、最少的调料烹饪松茸，是最原汁原味的吃法。为了松茸，成都人竟也愿意改改自己的口味，谁都不想辜负松茸的酽香。

十一街的幺鸡面，每年只卖一天的松茸鸡汤面。精致的砂锅，喂养两年的土鸡，托朋友从老家收购的松茸被快速送到成都……每碗 66 元，充满仪式感，也很快被预订一空。

幺鸡回想起过往，说在云南、四川的山里，时节到了，吃菌子是再平常不过的事情："还记得小的时候因为在山里长大，物资相当匮乏。吃獐子菌、鹅蛋黄、松茸，因为没办法，州里面只有这些最多。记得那个时候老妈还喜欢吃肉，她最爱就是这个时节，弄上一筐她最爱的獐子菌，然后切一碗冻了半年的五花肉，钢炉加柴大火，一点豆瓣，很多蒜，用清油把五花肉、豆瓣和蒜一起炒香，爆油下菌子，下雅砻江矿泉水，一点盐，一点糖。钢炉刚加的柴火，让新鲜獐子菌的氨基酸不断渗入汤中，大火的翻腾让汤汁不断收浓，放任钢炉中的柴火慢慢化成灰烬……"

我起先只是在中药市场随便逛逛。成堆的虫草、灵芝，玛咖依旧大受追捧。密密麻麻的中药材装在盒子、编织口袋里，蝉、乌梢蛇、鹿茸……浓烈的药材味让人不那么舒服，突然瞥见水蛭和蛇皮，也吓得不轻。爬上二楼，大片闲置的店铺让人觉得冷清。直到看到那条通道，密密麻麻，成堆的松茸，成群的人。十多二十家摊位，松茸全都结结实实装在泡沫箱子中。

这里的松茸主要来自小金，小金海拔高，是松茸的主要产地之一。热火朝天的松茸市场，热闹的景象只存在于这短短的一个来月中。人们抓住最后的机会一品新鲜松茸的美味。

商家口中，一个星期之后，今年的松茸就将陆续下市。个大又未散开的松茸是其中的极品。朵型漂亮，价格更贵，十有八九是要被做餐饮生意的老板给买了去，随便装一口袋，过秤，"327 块钱"。

自己吃无所谓长相，价格合适就好。但讨价还价变得没太大意义。"好多钱一斤？""70。""少点。""65。""40卖不卖？"对话结束。买主自己碎碎念了两句："昨天都还四五十一斤。"一天一个行情，从采摘到运输到市场，山高路远，再快马加鞭，其实也要一两天才能送到。

谁都想尽快送到市场并且卖个更好的价钱。早上七点到货，每天中午大概就能卖得七七八八。

成堆的泡沫小盒子和纸包装，工人眼疾手快又小心翼翼地包装，放一颗松茸再放一点纸张进去保护。封装完毕，五六个顺丰小哥协助发货，完整的一条龙服务，晚上保准能端上餐桌。成堆的松茸之中，要是哪家再摆上一点獐子菌、鹅蛋菌，定能脱颖而出。三四十一斤，老饕和卖家才知道怎么炒肉才鲜美。外行不敢轻易尝试。

所有人都知道的，大概也就是鲜松茸和老母鸡一起文火砂锅慢炖，和楼下卖的虫草一样，滋补养生。如果不是晚上有约，我也提一斤回去倒腾。但就是有点难清洗。

马鞍北路

草市街、锣锅巷……基本早就不卖街名中所说的物品。马鞍路，成了粽子一条街，至少在端午前的个把月，都是忙忙碌碌、红红火火。钻出地铁初见马鞍东路，入口处是一家接着一家的粽子店。端午一周后才会到来，但这里早就有了过节的氛围。

长长一排，先前还是空调店、小卖部、房地产……现在开始统统被粽子摊位遮挡得严严实实，甚至报亭上也挂上了卖粽子的海报，偶尔透出原先的招牌。它们和马鞍路的梧桐树交相呼应，不算粗壮但也遮天蔽日，让阳光只能透出一半的影子。穿旗袍、穿土花色衣服的中老年人慢条斯理地走走瞧瞧，准备下手。

不知是不是看到几家嘉兴粽子的缘故，竟然恍惚觉得这些成都中老年人也有江南中老年人那种特别的气质。

马鞍路的粽子名气之大，不管是在老成都人还是新成都人心中。我曾经在西三环外的一家理发店亲耳听到那老板娘盘算："端午要到了，哪天去马鞍路买几盒粽子，给老家的哥哥嫂嫂寄回去。"马鞍路的粽子成了成都的知名土特产之一。

每到端午，全成都的媒体都要去马鞍路瞧一瞧。"1989 年居住在马鞍东路省建筑第九公司职工宿舍的李婆婆为贴补家用，把自己包的粽子拿到宿舍门口摆摊。除了卖粽子以外，还卖一些咸菜。1992 年同住 13 号大院马婆婆、梅婆婆和任婆婆三位加入到'婆婆粽子团'。"

一个师傅带出一帮徒弟，大家都在同一条街上卖粽子。各种姓氏的婆婆的招牌，都是拉一张红底的广告布，最简单的招牌款式，看着颇为临时。谁好谁坏，没吃过没有发言权。扭头一想，每家其实也差不了多少。各家每年都有固定的熟客，买多买少，只认准他家买，吃个习惯。

每家的女人占据一棵梧桐树，就在路旁支起桌子，搭起简便的取线装置，麻溜地将粽叶折出漏斗的形状，抓一把米灌满，一盖再一折，呼呼呼地缠上线。路人想要学学，缠上线以为包好，看样子是粽子，可一放开，"噗"，漏米了。五花八门的粽子包好放在筲箕里，鲜肉的、腊肉的……卖得最好的其实还是白味，洒一把白糖或者蘸一点黄豆儿面，最接近小时候的味道。

面包车拉回来满满一车粽叶，干枯的粽叶在路边的盆子中浸泡、洗刷。哪家要是用上新鲜的粽叶，似乎就拥有了巨大的优势。

刚路过，太婆就把你拉住："尝尝我们家的，看到都要舒服些。买不买不存在。"包完一盆米，男人又抬着、托着另一盆浸泡好的糯米走了过来。抽真空的机器成了每家的标配，盒子同样在路边铺开，盐蛋、皮蛋和粽子开始一一装进大客户送人的礼盒。

比起那些大生意，这家的太婆倒显得闲情逸致了许多。像小时候看到的某个邻居奶奶在给自家包一样。各不相同的桌架，搭起来平整就好。她跷着腿，不慌不忙地包着。搪瓷的盆儿比那些大的塑料盆更为精致，似乎也暗示着粽子更为美味。

像这样传统的手工粽子现在还有多少市场份额？有人建议马鞍路应该打造成粽子文化一条街，不光卖，也要有体验、有历史。可是一旦过了端午，人们对粽子的热情也就没这么大了吧。

只在固定的时间里迎来最大的繁荣，各行业之间风水轮流转。春节临近，花市和批发市场将会迎来人流的高峰，因为置办年货是全家的大事。

春天花乐园

要是临近过年的前一周才去买水仙，那它在大年三十应该不会开。从球茎到绿叶再到花骨朵，天气寒冷，怎么着也得俩月时间。但换些别的已经开得枝繁叶茂的植物花束，摆家里也总是好的。过年的温馨喜庆，除了对联门神，不能少的就是这些过年花。老人小孩都喜欢。

成都的花市，东边著名的是三圣乡，在刚出三环的位置。西边的花市，主要集中在沙西线。侯家附近现在还有两三个小型的花市，交大背后规模更大的林湾花市，两年前就搬到了春天花乐园。远是远了些，但还是在沙西线边上，路不堵。

整合后，规模更大，透明玻璃搭建的室内，花团更加锦簇，品种更加丰富，选择的余地也更大，每隔一段时间，我都要去逛，看中了就买，没看中空手而归也行。

陈旧的绿植，卖家打折处理腾地方，5 元一盆的叫卖声，瞬间吸引大叔大妈围上。香水百合，贱卖的价格，15 元就能拿下。问完价格后脱口而出："香水百合怎么不香呢？"暗含的意思是可不可以再便宜点，老板只能苦笑："只是个名字而已。"

同样都是摆放在一起的蔷薇，一株叫"藤宝贝"，一株叫"夏洛特夫人"……恐怕只有卖的人才清楚。五花八门的品种，现代园艺技术和物流技术的发展，让花市一年四季都闹腾。这个季节，不再仅仅是蜡梅傲雪而开。认不清的品种、稀奇的名字比比皆是，但总能让人感受到富贵吉祥。10 块钱 3 盆的瓜叶菊，经典的过年花品种，红的、蓝的，深受老年人喜欢。

仙客来，每一盆的品相都好到像是假花，整整齐齐，完美无瑕。在假花和真花外形难辨的今天，真花的意义恐怕就是能看到生长过程的变化，有一种时间消逝，即日本人所谓"物哀"的美。种花倒腾泥土的乐趣，也非摆放假花能体会。

春夏之际还是白绿的茉莉铺满地，而冬天的花市是杜鹃花和大花蕙兰的天下。越冷，色彩越艳，杜鹃红得热烈，老树根被修剪出流线型。大朵的兰花，颜色不同，品种也不同。价格从 20 元到七八十元不等。密密地摆放在一起，倒也让人眼花缭乱，一盆更比一盆俏，还是适合买一盆回去细品慢看。

买过年花的人潮，在半个月后才会到达顶峰，好不闹腾。挂满金橘的盆栽，总是格外诱人。佛手的黄澄澄，也是半点没输。红和黄，这就是传统过年的主色调。一大盆火棘，最耐看的还是密密的小果果，不知道掉了还美不美。花市上，便宜的多肉，10 元能买 4 小盆；好的君子兰，得要七八百一盆，但还是不及很多年前炒君子兰时期的价格。价格轮回起伏，不变的是过年总要去花市买些花卉。

贵的便宜的，都代表了热闹和一点仪式感。

海霸王批发市场

不得不服，在省钱买东西上，中老年人永远有一套管用的法则。去批发市场买，价格比小区附近商店超市便宜许多，甚至比网购还便宜。每年腊月三十的前三四天，我们家都要去沙西线的海霸王采购年货，这个习惯已经持续了五六年。

平时可能嫌弃买一点儿难得跑，不够油钱。但过年不一样，三姑六婆来串门，一人一把瓜子花生，还要嚼些水果糖，仅仅是这几样的需求就不少。

而且过年耍假期间，很多商店不开门营业，就算开门了肯定也加价不少，多堆一点年货也总不会错。过年前的海霸王值得抽空专门跑一趟，买齐所需年货，大包小包，随随便便省出的钱都可以又多买两斤开心果。一家人整整齐齐逛批发市场，才算过新年的第一个仪式。

海霸王就在刚刚出三环的位置，比绕城外的沙西批发市场更近。里面可以购买的年货主要是米面粮油、干果、酒水、腊味、干杂，以及水产，基本还是能够买齐年货清单上的东西。

春节前两周，海霸王就进入了年货时间。周末市场内大车小车更是密密麻麻，电三轮儿来回穿梭，定睛一看，全是开心果，不知道要往哪家铺子送。货车装满汽水、果汁，搬运工人爬上去搬卸，就像是坐在秋日黄澄澄丰收的草垛之上。没有人不嫌弃挤，但从来都见怪不怪："年前这几天，肯定的嘛。"

每家铺子各尽其能备足货，敬候年货采购大军的挑选。一摸、二问、三还价，方方面面合适心怡，四五个结伴而行的大妈中最管事的发言了："抱一件嘛。"然后再车过背嘀咕："拿回去再搭伙分，那个王嬢还喊我给她带三斤……"这就是大部分年货采购者的常态。

尽管买一件也是批发价，但显然买得越多还是有相应的优惠，比如本来一共369元，嘴巴会说，抹掉零头只收360元也是有可能。要是老买主去惯了，本来买的是20块钱一斤的糖，脸皮厚偷偷抓一把30块一斤，老板看到了招呼两句其实也就算了。当然这不值得炫耀。

辣椒、花椒做年夜饭时少不了，但用量不大，也就成不了年货的主角。干木耳、干笋子，甚至豆筋明显更有市场，烧鸡、煮鱼、煮火锅的底料，铺在地上卖得也还不错，很多人两包两包地买。新的大米又运到了市场。尽管自家做了腊肉香肠，但看到批发市场的烟熏制品，还是忍不住要流口水，并且下手。

糖，瓜子和花生，年货中的老三样肯定不能缺少。五花八门的糖果品种牌子，价格只比两三年前涨了两三块钱。

大白兔奶糖、喔喔奶糖，以及金冠黑糖话梅，和商超相比每斤起码少了五六块。全都是新鲜货，张牙舞爪抓进筐筐里又赶快补充起，边抓店员就在边上找话说："再等几天恐怕是要缺货。"

生意太好，临近过年，竞争激烈，每家都请了帮工，或者找了亲戚朋友来帮忙。一家接一家的糖果店，平时做婚庆喜糖，现在是年货糖，每家价格基本都相差不大，多问两家一比就什么都清楚了。像马路边上大棚下面的，价格也是差不多，不管是酥心糖还是水果糖，看到合适就可以下手。

花生沿街堆成小山，今年流行的瓜子似乎还是红枣口味。花生拿一袋，瓜子肯定也要拿一袋才够。坚果的等级不像糖果的包装品牌那么好区分，一袋货有一袋货的成色和品质，很大程度靠商家的耿直。多比几家，找到更具性价比的，自己心满意足的概率也更大一些。这点倒是可以多向中老年人学习，多看他们买几次就学会了。🆃🆉

● 郊外的宝藏
JIAOWAI DE BAOZANG

周一到周五，属于城市属于办公室。周六周天，能不进城就不进城，要去郊外溜达。没有海又怎样，那就疯狂痴恋河流、山地和森林吧！成都人小长假总喜欢跑川西，周末近一点，往西，去青城山、都江堰。各个方位的成都郊外，都不缺乏精彩，充满宝藏。

唐昌古镇

郫都区的"唐昌古镇"是其中之一。这个名字更像是为外来者准备的标识，本地人曾经喜欢叫唐昌"崇宁"。大半个场镇中心的人都围绕四川电器厂忙生计，吃的都是不能再熟悉的十多二十年的老店。那些巷陌中的公馆建筑，一座又一座从小看到大，还在那里。但有些也如崇槐里，衰败得让人遗憾……这些组成了再日常不过的小镇生活。

我读三年级的时候，新来的班主任姓肖，她是唐昌人。隐约记得她提起过唐昌有文庙，几十年前大家都还在庙宇宫观改造的学校里上课，条件之艰辛。老师的小孩刚出生的那个暑假，我们十来个同学拎着一只毛绒玩具和两袋水果，东问西问硬是找到她九里堤的家里去看望。

她的父亲那天正巧也在。印象中老师的父亲是唐昌某所小学的校长，那阵似乎已经退休。之后，我还断断续续地听人说起过唐昌。尤其做腊肉时，电梯里总有人拎着刚买回来的肉，有人寒暄两句，问哪里买的，"在唐昌买的，三元杂交的和五元杂交的吃起来简直不一样。"

在一个初秋，我终于打算去唐昌逛上一圈。715A 路从九里堤一直开到唐昌，这是去唐昌最为便利的公共交通之一。路边的稻谷已经快要成熟，但最先感受到的是空气，油坊飘出属于老街的独特油菜籽味道，街上的人都怡然自得。

1300 年的历史，古代川西最富裕的上五县"温、郫、崇、新、灌"，其中的"崇"就是崇宁县。唐昌，崇宁，历史上这两个名字一直交替在用。石墙小瓦的房子隐藏在巷子之中，大椿巷、梅花井巷、文昌宫巷……改造休整之后，成了供人参观的一部分，游人其实极少。

玻璃罩子中的城墙遗迹，长出了绿草，生命力还在。这里有大片清末民初的公馆建筑，民国时期崇宁就有45 座之多的公馆。众多乡绅在此居住，不知道当年是怎么一幅盛景。没想到其中更是藏着同盟会川西领导人杨靖中的居所。大椿巷，文人易象乾的故居门前已经挂上了提醒牌，绿树掩映，钻进去一瞧，早已成了寻常百姓居住的空间，和众多唐昌镇的小院儿别无二致。

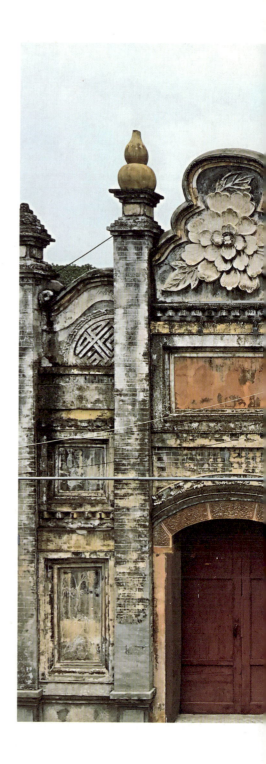

镇上没有高大的建筑，房地产市场和这里没有太大关系。稍微高一点的红砖房青砖房，20 世纪 90 年代修建的、贴瓷砖的五六层小楼是镇上最气派的房子。它们的确曾经气派过，大多是四川电器厂的职工宿舍，这也是一个有众多厂子弟的片区。有灯光球场，有属于自己的川电医院。许多孩子在川电游泳池游过泳，从小在邻居叔叔、孃孃的注视中长大，到了学龄又都顺理成章地去唐昌幼儿园、唐昌一小、郫县三中……

老式香蜡钱纸店的隔壁是一家旧旧的台球室，三叶吊扇有劲没劲地扇着，还有人在里面寻找着欢乐。往前走，小南街口子上的炸洋芋店，干练的太婆一人守摊，假期的生意不比开学。据说这家是唐昌最好吃的炸洋芋，一口下去，那种油香和粉糯，就像是小时候用蜂窝煤炉子炸出来的味道。

牛肉吃不下，葱葱卷看着诱人也吃不了，只怪午饭吃的一碗抄手太夯实。饭点，赤裸着上身的男人拐进杨抄手，开嗓一吼："四碗！"然后再和屋外推着自行车的女人说："吃了再走，顺便给娃娃带一份回去。"女人硬要赶着回去，一头走了。

小小的堂子里，包抄手的时候老板再扯起嗓子朝后厨交代"几红几清"，不停地重复，会觉得效率低下，但这是老街上才能听到的韵味。抄手还未入口就觉得美滋滋。忘性太大，老板又问了那男人几碗。"两碗。""不是四碗？""人都走了。""每人吃两碗嘛。"都是熟人，玩笑过后，老板也不再多说什么。

斜对面珠宝店的女人掀开自家帘子，隔街猛喊了一嗓子："抄手煮好端过来没有？""煮起了！"吃过抄手，东转西转，从一处小门踏进了崇宁公园。古树遮天蔽日，拎着鸟笼的大叔直往里迈，茶园从来不缺生意。地方不大，但也有成都人民公园的气质。革命烈士纪念碑让人勿忘先人，亭子里，大叔唱"东方红，太阳升……"又是一股扑面而来的历史感。

我之后再去唐昌，才买了公园大门对面的彭辣椒，如同传说中的那样香辣味美。镇上的那家施鸭子，宰了半只回去，卤料的香味是厚重的，可惜就是盐放得过重。

那天我往回走，顺路拐进了崇槐里。破烂的巷子杂草丛生，见有人踏入，野鸟惊飞，我的腿却被成群的花蚊子咬出包块。曾经见证一个家族辉煌的公馆，现在只剩下石头材质的门墙，其他都已化为腐朽。

崇槐里巷子的那几个公馆，俗称"五道龙门子"，是一个王姓人家的公馆，建于抗战时期。最开始是分给几个儿子居住，后来不知道怎么荒废了。据说是私产，也不知道后人因何故没再打理。梁家大院在隔壁，又去看了一眼，还未开放。下次再来看，不知道会进展到什么程度。这样的小镇旧时光，还要延续好多好多年去了吧。

重庆路

不会开车，除了公共交通带我去远方，有时我会选择骑行。在没有天府绿道之前，成都和其周围的郊外对骑车爱好者来说也非常友好。每年春季，我都想去一趟崇州。终于，我又去了一趟崇州重庆路。骑行，赏油菜花，看白塔湖。中午，赶到怀远，吃叶儿粑、黄糖冻糕，再加二两炸酱面，之后再慢悠悠往回骑，赶晚饭刚刚合适。

早上 8 点，最爱的犀浦综合市场斜对面的老袁肥肠粉没开门。顺路赶到实验学校门口的蒋记将就梭了碗，然后正式出发。走芙蓉大道过温江，骑金盆地大道，再沿着成温邛的辅道一路到白头镇。白头这个地名美，可我之前却对它没什么好印象。高中我曾在这里军训，还不到一半的时间，便因发烧被接回去输了差不多一个星期的液，实在是惨。

白头是整条重庆路的起点。全长 50 多公里的重庆路，是双向两车道，不宽，但路况却极好。2010 年援建好之后，一直有着"中国最美乡村公路"的名号。来来往往的小车飞速驶过，宽阔的田野一块块滑过。纯绿色的，应当是小麦。黄灿灿和青绿色交织的，是目前川西坝子最普遍的油菜花。

油菜花的色彩现在还不够黄亮，再过一两个星期，才能迎来它们的盛世。菜地里有专门撑起的遮阳伞，还没人坐在其中搓麻将。反倒是路边上的农村婚礼热热闹闹。崇州的田园我一直都还喜欢。面积平整且巨大，偶有小山，田坎上列一排细高的青冈树。

典型的川西坝子景观，几间分散的平房，铁皮的大门，两边是贴砖的风景山水画，背后再一片竹林，沉甸甸的枝头垂在瓦片上，弧度很美。除了传统民居，还在打造的道明竹艺村，恍惚又有点三圣乡小院的感觉。屋子背后，一个系着蓝色粗布围腰的老人，手里拿着砂纸细细打磨竹器上的小刺，收音机里传来一段清音，就差一杆叶子烟了。

看某处风景不错，便直接刹一脚下来拍照。夹着尾巴的母狗，警惕地看你一眼又跳过沟渠绕道走开。春风吹拂过来，带来菜花的清香。她是公平无差别的，顺便也带着粪便肥料的味道。路过几处林盘，空气中带着枯竹叶堆积的潮湿腐烂味。一阵一阵，时强时弱，不经意地遇见，这才是对春日气息的全方位感知，也唯独只有亲自走一遭才能明白这种真实感。

在冲过一段短坡之后，我终于看得到一点白塔湖的影子了。湖边的公路更窄，有人散步，有人像我一样骑行，机车队轰轰地驶过，赚足了目光。绿道上，除了行人自行车，还标注着马匹的图标，倒还真想听听嗒嗒的马蹄声。

每年春季白塔湖都会举办自行车比赛，我在四年前偶遇过。今年的比赛，要等到下个星期五和星期六。也许和清明扫墓打拥堂，那阵去看油菜花的人想必会多。怀远叶儿粑、冻糕的生意想必也会更加红火。对游人来说，要是能再在场镇偶遇一场春苔会或者百花会，巨大的街头集市，买农具买杂货，转个糖饼……最后再抱一盆兰草回去，勤劳又充满闲情逸致的春天呀！

蒲　江

除了兜风，郊外对成都人还意味着什么？大概还有优质的农产品，一年四季的水果。汶川是车厘子，都江堰、彭州的猕猴桃不错，龙泉驿的桃子和巨峰葡萄每个夏天必吃，脐橙是金堂的。

从春到夏之间的一两个月，水果市场上是各种橙子、橘子的天下，老派的血橙、脐橙，新派的纽荷尔、褚橙，还有蒲江丑柑、炜炜柑……趁着收获摘果的季节，我去了一趟蒲江的丑柑基地，摘最新鲜、最饱满、最丑的丑柑。

四川从来都是盛产柑橘的宝地，北纬30度的蒲江，气候更是温和，夏无酷暑，冬无严寒，独特的地理、气候、土壤和优良的生态环境，使得蒲江的丑柑品质极高。前些年它便成了国家地理标志保护产品，每年全国各地有上万人来蒲江参观学习柑橘栽种技术。

从高朋大道驶入京昆高速，半个多小时之后，远处的小丘便渐渐浮现在眼前，和缓、肥沃，见不着几处房屋，一片绿意。下高速，蒲江道路边鲜见菜园，倒是连片的柑橘树让人印象深刻。乡镇上，卖农资、瓜果肥料的店铺鳞次栉比，比我在别的地方看见的都多。大量集中的水果仓库也足以证明这里产量颇丰。

这就是一座柑橘小镇。而这些柑橘树中，绝大部分都是蒲江丑柑。在水杉夹道的乡村公路上奔驰，终于到达蒲江白鹤村的丑柑出口示范基地。第一次近距离见到现代农业，瞬间觉得自己之前是有多孤陋寡闻，乡村早已不是曾经的乡村了。

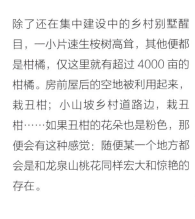

除了还在集中建设中的乡村别墅醒目，一小片速生桉树高耸，其他便都是柑橘，仅这里就有超过 4000 亩的柑橘。房前屋后的空地被利用起来，栽丑柑；小山坡乡村道路边，栽丑柑……如果丑柑的花朵也是粉色，那便会有这种感觉：随便某一个地方都会是和龙泉山桃花同样宏大和惊艳的存在。

白鹤村柑橘基地的灌溉管道铺设到每一片柑橘林；林间的摄像头 360 度旋转，实时监控果树的生长；采果销售，在专业队伍的带领下统一管理、进行。每一步都是按照严苛的生产标准操作，不然这些丑柑也无法达标，并顺利出口到加拿大、新加坡、俄罗斯等国外市场。

橘类的各种乳白色花朵，味道永远闷香。一直没见过的"奇观"——柑橘一边开花一边结果——也见到了。还可以这样操作？按照果农教的法子："朝向日照方向生长、捏起来偏硬的丑柑都不会差。" 我迫不及待地摘下一颗。撕开保护袋，橙色亮眼，头顶上一个醒目的小包包，确认是蒲

江丑柑。边摘边吃，沉甸甸的果子，剥开皮，一口下去，脆嫩酸甜，果肉纯粹，不在唇齿舌尖纠缠。和这个时节，蒲江明月村的雷竹笋宴席一样让人难忘。

蒲江丑柑曾经只是四川人的口福，在现代物流电子商务的发展之下，也抵达了北京、上海，乃至国外消费者的餐桌。在蒲江电商产业园一间间办公室里，年轻人们正讨论着包装："佛系丑柑，平平淡淡才是真。"他们和远方的商家交流，准备再发一车过去。村民围绕柑橘树生活，水果分拣包装园区内，大量蒲江本地人就近就业。

大小不一的柑橘被嬢嬢、大叔些按照等级分类装箱。比拳头还大，和柚子相仿的炪炪柑，即将被运送到北京、上海的超级市场。如何冷冻运输成了关键。储存期间，一个个独立的冻库就像是超大型冰箱，刚刚因太热挽起来的裤脚，只是经过了一下冻库门口我就赶紧放了下去，冷气强劲。而被转运到汽车、船舶上，也几乎是在此种低温的保护下，于是，它们得以平安、新鲜地抵达远方。

他们抓紧时间筛选、分类……而我，一路下来，与其说是去蒲江摘丑柑，倒更像是对蒲江柑橘种植市场的考察、初窥。不断有人在我耳边提起，去年有人将蒲江丑柑发往北京，一到新发地市场就卖 12 块一斤，很快销售一空，一车就赚了 38 万。

带点传奇色彩的真实故事广为流传，使得第二年市场上丑柑蜂拥而入，遍地都见。老果农在一旁嘀咕："今年市场不太景气，可不管怎样，我们蒲江丑柑才是最好吃最正宗的，自然条件得天独厚。"

新　津

吃河鲜得往河边走，到新津赏花吃河鲜，还要再宰半只李鸭子，成都人喜欢这么干。差不多快忘了成绵乐高铁在新津也是有站的。从成都东站到新津南站，刚好 30 分钟。坐个面包车，我沿着岷江大道往城里走，路宽景美，不知不觉就将新津看了大半。和都江堰一样，新津也是一座被水充分滋润着的古城，西河、南河、龙溪河……所以遍地河鲜根本不足为奇。

有河的地方，景色从来都不会让人失望。山水相融，让现在的新津到处都绿意盎然，低缓的丘陵山地和河流框出了新津的基本面貌，整座城市就是一座大型公园，处处都是精致的小森林。

南河大桥边上，人们在一小块空地上喝茶纳凉，可以睡躺的竹椅比高脚竹椅更显惬意。不远处，宽阔河面上一排建筑引人注目，那就是通济堰的所在。它历史之久远可追溯到西汉，在天府平原上是和都江堰一样古老的堤堰。

大概以通济堰、南河大桥为界，新津自然与人文景观的精华——沿着河道和新蒲路铺陈开来。新津人自豪，我看了也欢喜。修觉山三个红字和山上那些红砖房一样醒目，它大概是和宝资山连成了一片。从公园路进入，宝资山公园粗具规模。天然的生态环境，密集的自然生长的林木，栀子花暗香扑鼻，胭脂花一丛丛。石板小路边上，竟然还有一朵韭莲娇艳得让人眼前一亮。

没想到透过斑驳的树影，竟发现一块空地上还藏着一架飞机。这是一架新津人记忆深处的飞机，它在宝资山上停放了很长一段时间，每个新津人家里大概都能翻出几张和这架飞机的合影。老的宝资山公园，这是新津人都有深厚感情的郊游胜地。山上的碉堡、防空洞、迷宫，还有孔雀和吐绶鸟，共同构成了新津人童年很重要的一部分。一位叫张蔼科的新津人回忆："铁笼里的那只猴子，晚上总想悄悄地去把它放走……下午放学后，体育老师常常带着我们，从当时的体育场跑步到宝资山公园。"不知道他是不是在这座山上的"爬山中学"念过书。现在中学搬到了河对面，老人传言山上有崖葽，倒也是真，被保护了起来。山顶上那座亭子很远看去都让人觉得惊艳，顺着坡道绕过青翠的竹林踏上亭子，望尽整个县城郁郁葱葱的风光。从宝资山可以顺便跑到隔壁老君山，它们都在同一条线上。

因为道教传说的影响，老君山更加闻名。每到重要的时节，新津人一定要上山烧香。同样清幽的山林，沿着老君山老子庙的指示牌拾级而上，将绕满古藤的廊道走完，爬上之后，精巧的庙宇，歇山式结构，柱子上的龙活灵活现，朱红暗淡但也有味。空气湿润，古树布满青苔。对新津人来说，在此山中品茗，滋味一定颇佳，天然茶园的惬意程度不输成都人民公园。

只是我因为无意看到一条蜕皮的蛇，吓得赶紧继续往上攀爬。八卦亭、三清殿，庙宇更加宏伟，古柏苍苍，陶盆中的兰花长势良好，气质与众不同，像是仙花神草。下山又看了一眼老君山山脚日本著名建筑设计师隈研吾设计的知美术馆。它恰似浮在水面的状态，青瓦串联起来形成遮挡，起伏有序，的确和水面随风而起的波纹交相辉映。

继续沿着新蒲路走去，花舞人间和梨花溪这些年都成了成都人郊游的热门目的地。比起梨花溪，新津本地人对它边上的观音寺感情更为深厚。西南自古多古寺、古刹，新津人都认它为风水宝地，其地位和老君山不相上下。古人称观音寺是"莲华接翠"。为祈求一方平安，寺中香火一直鼎盛。

低山和寺融为一体，迈过山门，是清代的木构建筑，弥勒殿、接引殿，明代的毗卢殿和观音殿……历历在目。竹林掩映，恍如踏入草堂。几株超过 300 岁的大叶榕粗壮有力。最让人惊艳的还是毗卢殿，虽然已经蒙灰，但绘画的虎和龙还是形神兼具，细看它们的眼睛依旧凶狠有神。

亲眼看到殿中明代壁画更是让人无比震撼，传统的兰叶描等技法，色彩来源于天然的矿物质，百年之间，金色依旧耀眼夺目。菩萨之类的神明，不知是何人绘画，他们脸宽面润，凤目下垂，樱唇略闭。个个光彩夺目，美妙极了。

如果不是初一或十五这样的特殊日子，新津的观音寺也相当清幽，除了善男信女，和在一小部分文艺圈子中流传，鲜有人踏入。这样的宝藏什么时候再大放异彩，我挺期待的。

● 街头小景，哎哟不错

JIETOU XIAOJING，
AIYO BUCUO

还是不能宅，宅在家哪能感受到成都的新变化。老辈子经常也喜欢说一句话："多出去走下嘛，走了人都要新鲜些。"新鲜，就是清醒，也是精神。这两年，成都的街头又发生了很多变化，公园和绿地都明显增加。城市是新鲜的城市，也是精神的城市。

金牛公园

坐惯了地铁，整天在地下钻，有天难得坐趟公交回家，路上才发现新金牛公园已经开放了，金牛立交桥也变得更加立体。景观造型的植物竟然大量选择了竹子，蜀风雅韵，让人多看两眼。

以前的金牛立交桥只有横跨成灌公路的高架，只此一层。因为是西门的主要通道之一，立交桥下的柱子很早就被装饰成金色，纹路样式像是参考金沙遗址的金箔。在靠近机电城的位置，以前还有两根水泥色的景观柱子，上面总是挂着一个红色类似中国结的东西。

三环路改造之后，更为复杂的桥在原来的基础上架设起来，理所当然让整个金牛立交桥变得更高、更大。和以往又黑又暗、充满装修游击队的立交桥不同，除了通行的道路，其余的空间全被绿化带挤满。第一眼看到这种绿化景观，我脑海中只蹦出了一个词——"售楼中心"。

立交桥的水泥灰可以理解成时下流行的工业风，竹子和石头错落有致，白色的小石子呈带状分布。除了绿草，还有其他种类繁多的绿植成团。随便拍一张都有不错的景。如果要给一个装修风格上的定位，应该就是新中式风格。

以前的城市绿化，很少有这种思路。密密麻麻的竹子，我去的时候都还在补种。穿行其中，甚至会让人忽视钢筋水泥的立交桥本身。在新立起来的桥柱上，熊猫图样的装饰主题非常明确。景观在整个三环上来说都算特别。

顺着走完金牛立交桥，新金牛公园基本也就到了。它在以前茶店子岛状的地块上，形状长长，有半个二环到三环的距离那么长。树多花美是肯定的，依旧是绿道穿行其中，每段景不同。儿童游乐区栽种的巴西国花黄花风铃木，五六月金黄的花朵正醒目。

整个新金牛公园给人的整体感觉是很现代的，白色弧形的装置，是景观的一部分，也是纳凉避暑的公共空间。公园中小小的平台，放个坝坝电影或者举办小型的街头表演还蛮合适，对面正好是阶梯状的布局，有层次感，可以落座。

两三个儿童设施区域是分散开来的，边走边玩。看到许多家长带着小孩在里面欢声笑语地玩，你会由衷觉得大家对公园的需求压抑许久。新金牛公园并没有大门，是完全开放式的，绿地中有厕所，有环卫工人的小屋，不能遛狗，自行车是可以进去的。

这和斜对面大门口有保安值守、里面布局紧凑的老金牛公园形成了鲜明对比。如果要一目了然看懂成都公园城市理念的更新，看新金牛公园和老金牛公园就非常直观了。更加开放，随进随出，融入大家的生活，围墙的取消，也使得公园真正成为公园。

致强社区

10 年过去了，上海世博会"城市，让生活更美好"的主题还没有过时。在依旧如火如荼的城市化进程中，究竟什么才算真正"让生活更美好"的建设？归根结底，还是要关注人，关注人的各种微小体验。走出府青路地铁站，钻过铁路涵洞，再穿过一段露天集市，一切便开始变得豁然开朗。

成华社区青龙街道的主要道路干净整洁，新投入的清洁能源公交车一趟接着一趟，共享单车的停放区域 logo 清晰，和统一的店招、街头涂鸦一样，秩序井然。沿着致顺路，复羽叶栾树和市树银杏生长出初夏最为盎然的绿意。跨过致强路，尽头的致强社区西林豫府街心小花园里，更是一派和谐美好的景象。

下午三点过，趁着孩童放学之前，阿姨们抓紧时间再多跳两支广场舞，喇叭声低沉，不那么吵闹。不说的话很难想象这里是安置小区，品质更像商业住宅。豫府 A 座和 C 座大门斜对着，有严格的智能门禁系统，一切都是高起点之下树立的典范。围绕街心小花园，完美的公共空间得以形成。

豫府邻里中心是综合性的活动中心，宽敞明亮，大叔、大爷们随手捧起一卷书，饶有兴致地学习里面的内容，紧跟时代步伐。一墙之隔的练舞室里，大姐、大妈们挥舞着道具刀，学着新的动作，每个人脸上都洋溢着喜悦。她们轻快地绕过原味青龙文化长廊，接杯开水之后再继续练习。

550 多平方米的空间，社区寻找专业的文化社会组织进行管理，电子屏幕上，随时滚动着近期的培训课程，舞蹈、书法、摄影，每天都满满当当。每个人都能在其中找到自己的爱好所在。强身健体也不是没有去处，开放式的公园绿地随处可见，小区背后就是一块。

彩色的沥青路，红的绣球花、白的绣球花……还有无数小玫瑰，一丛一丛。邻里之间坐在一起拉家常，扭动一下腰肢。都说住进了小区，人与人之间的关系会变得疏远，但他们之间还是保持着之前那种亲密无间的邻里关系。戴着袖套的大叔，随时都在维持着秩序。

如果发现什么需要整改的问题，社区与电子科技大学8010实验室合作，建成了"滨海家园"院落协商自治服务系统平台。居民可以更加便捷地参与社区公共事务，随时发现随时上传问题，并在极短的时间内得到明确的反馈。

在致力路街头公园，便民服务亭随时有人值班，提供轮椅甚至宠物临时代管，小小箱子以备不时之需，家的感觉一直就在身边。工人在灌溉每一片绿色坡地，居民坐在椅子上读书看报，开放的公共游乐设施中，小孩在家长的带领下无忧无虑地玩耍。

参与式的管理，每一片绿地都有专门的责任主体进行管理维系，人人参与，这样共建共享的家园才能真正绿色持久。下午五点，周围的幼儿园陆续放学。走出现代化的教室，再次进入如画般的社区。爷爷奶奶牵着小孩，一路走来，熟识的人不停地打着招呼。

小朋友临时想起要在街头嬉闹一番，奔跑起来，无忧无虑中孕育着无限希望。作为一个外人，慢悠悠地在致强社区晃荡，也能明显感受到居民最直接和最长久的幸福感。

二仙桥

社区升级、公园升级，不远处的二仙桥公园也是如此。二仙桥是成都的老地名，传说中某年的上元时节，全成都百姓出门赏花灯，正在枫树下吟诗作对的吕洞宾和韩湘子偶然间被人认出，于是引发全城"疯狂追星"。在如此热情之下，二仙马上遁形，只留下一个关于二仙桥的传说。

二仙桥公园是不是建在他们遁形的地方，无从考证。2017 年年底，公园一期正式开放，热闹了相当一阵。最近朋友雪峰"安利"我去逛的时候，却一个游人和附近的居民都没有。要怪，也只能怪我选了一个炎热的中午前去。

二仙桥公园是个开放式的新公园，夹在仙韵一路和一条小河沟之间。车站牌上的"自然"和"记忆"两站，将现在的二仙桥公园完整概括。公园方方正正，最终整个面积将会有 208 亩。绿化其实没什么太多好说，还是做得多样，有层次。这个季节开得最好的是羊蹄甲，紫红中带着热烈。

靠近河边，栈道一侧是三角梅，另一侧是花叶芦竹，并没有芦苇之类的穗子。如果没有那两列火车摆在公园中，那二仙桥公园看起来和成都目前正在打造的其他绿道系统、街头公园并没有什么明显差别。两列火车，它们几乎串联起了公园的轴线。从地铁7 号线二仙桥站出来是二期，想要更快地看到老式火车和铁轨，从八里庄站出来更近。

火车元素的加入，使得二仙桥公园看起来更加文艺，更加适合年轻人打卡拍照。这里暂时没有一个专门的儿童游乐区域。成华区曾经就有一个以货运为主的成都市火车货运东站。废弃的绿皮火车、废弃的铁轨，放在其他地方可能只能算文艺元素的堆砌，但在成华区、二仙桥，就不一样，这边天然就有优势，成了记忆。

火车上陈旧的铭牌，锈迹斑斑的车厢大门紧锁，也算是对一段工业文明的见证，而公园则算是对曾经工业的一种新的延续。很容易就在附近找到一个旧仓库，高水塔。曾经设立的雪峰冷库是其中一个。在 20 世纪 80 年代建立初期，成都十有八九的冷冻食品都是从这里分发。火车、工厂，两者在相当长一段时间都保持着亲密关系。因交通便利，一直是货物中转之地，八里庄、二仙桥的老式工厂在成都是众所周知的存在。

高耸的圆筒形建筑，顶上竟然还有屋子。原来这是当年华西混凝土供应站的水泥泵。现在水泥泵只是被围起来，将来恐怕也会成为文创的一部分。太多的工业遗产在成华区，东郊记忆是厂房改造而成的一个样本，就在二仙桥公园的一街之隔，是另一个文创基地。好几年前，当地就在隆重期待在禾创药业仓库基础上打造而成的文创产业园。

修建于 20 世纪 50 年代的禾创药业仓库，"一连片的红砖建筑，主楼高耸，左右呈东西对称，屋顶造型更是独特"。这种有时代印记、偏向苏式建筑风格的成片建筑，对现在的年轻人来说已经有点陌生。当时乐观估计文创园会在 2019 年 6 月开门大吉，不过，外面的围栏最新的广告布上标注的是 8 月正式对外开放。老房子换新颜，文创园工程还在收尾，并不允许外人入内。入驻商家的装修，似乎也还要花些时日。

未来到底会呈现出什么样子，会是另一个东郊记忆吗？拭目以待吧。只是有一个疑问，我们真的需要那么多文创基地吗？也许是真的需要吧，成都人永远需要新鲜玩耍的地方。🅣🅩

● 城市之心

成都的中心另有他地，现在的成都人都爱把天府广场当作是城市的中心，够大、够醒目，也够体面。天府广场之于成都人的意义，就像是天安门广场之于北京人。大概七八年前，成都市就在规划天府广场周围到底应该是什么样子，最终的结果是四周一下就多了好几个崭新的大型的公共文化场所。

广场属于人，也应当为人服务，它集中了一座城市最为优质的文化资源。在省图里面查过资料、赶过作业，在美术馆里看过展。成都博物馆，2018 年的阿富汗珍宝展、影子之城展览我都看过。

成都博物馆

持续三个月的《文明的回响，来自阿富汗的古代珍宝》，在最后一批观众的依依不舍之中开始撤展，准备去到下一个展览城市。阿富汗策展方的统计数据显示，在成都有超过 40 万人次观展，"这成为 2006 年以来，全球参观人数最多的一次展览。"

难得的异国精品展览，成都人似乎从来没有这么热情地想要一探究竟。几次前去，成都博物馆门口都排着长长的队，景象可喜，代表看展成为日常生活方式之一。但我不喜欢凑人多，直到周五下班，才去看。从 2018 年 5 月开始，成博的每个开放日都会持续到晚上 8 点半。晚上，果然人少。

在暮色中静静地注视着这些来自异国的宝藏，震撼和感动是难以形容的。蒂拉丘地遗址那些黄金饰品，每一件都流光溢彩。两千多年前就有如此精巧的手艺，不输于几年前在川博看的卡地亚珠宝展上的那些黄金饰品。手工艺者们对于美有无限追求，而那顶精美绝伦的金冠，细看是五棵树，如此繁复的造型，大概也明显体现权力等级的不同。

新闻报道中，常常都是爆炸伤亡，让人几乎遗忘了阿富汗原来也有这么丰富的文明。在过去的三个月中，阿富汗文明直愣愣地呈现在你面前。从粗犷的石器陶器到金器，再到恒河女神的牙雕和希腊时期的玻璃制品、石膏造像。和杜美莎有关的大盘子，上面是尾巴，下面其实是一片小铃铛，一动，叮当作响，上面的尾巴也开始摆动。阿富汗的古人们其实也是爱玩会享受的。

这些希腊众神的小铸像，如果不是讲解员介绍，我猜不到是秤砣。说起来也是令人惊奇，公元一世纪阿富汗人就可以制造出透明度如此之高的玻璃制品，他们对玻璃自豪。人死要入海，而如何到达那个世界，只有骑海豚或者大鱼。这些玻璃的大鱼，展示的是他们的生死观。

一幅幅异域的图景，勾勒出古代世界多元文明的交流互鉴，原来阿富汗也曾经是"文明十字路口"。希腊文明、草原文明和贵霜文明，这些历史上强大的文明都曾经在这里交会，混乱和动荡也造就了文化的繁荣。说来惭愧，阿富汗的国土有部分和中国接壤，它离我们这么近，而除了战争，我之前却对它没有什么了解。

现在，看过这场展览的人大概都知道了一个故事：自20世纪80年代以来，连年的战乱使得阿富汗满目疮痍。为了文化的绵延，"文化存则国家存"，一批阿富汗学者、文化保护者带着他们国家最为珍视的文物，开始全球巡展，企图以这种方式避免文物在战火的肆虐中损坏，甚至消失。

这让我联想到，我们也曾经这样过。在近一个世纪之前，一代又一代的故宫人为了躲避战火的侵袭，带着满箱子的国宝辗转于西南的深山。我们有极大的战略纵深可以让文物于国土中得以保全，而阿富汗的珍宝，只能流转于全球。我们都有类似的历史，我们都理解彼此渴望安定的决心，为阿富汗祝福。

这些伟大的文物，真是华美到让人快要忘记曾经印象之中的阿富汗。再回到现实的满目疮痍，鲜明的对比让人更加难过。重建如往日这般闪耀的文明，大概是阿富汗人美好的心愿吧。

这只是时间问题，或远或近，阿富汗总会再次变得好起来。要是哪天这些文物不再流浪，真正安稳地回到阿富汗，陈列在阿富汗人自己的馆中，他们大概也会一代一代地传颂之前那些颠沛流离的故事。然后，重塑一个国家的历史记忆。

此刻，先说再见了。

说起最近一楼一号临展厅的特展，成都博物馆在策展上还真没让人失望过。2018年成都博物馆的阿富汗珍宝展结束后，秦蜀之路青铜文明特展又开始了。从国外切换回国内的主题，又和本土密切关联，展出的都是难得一见的珍品。

开展第一天的大清早我就去守着了，九点，并没有准时开展，还在进行最后的整理。这次的青铜特展，"250 余件青铜器，其中包括了 55 件国家一级文物"。规模依旧算得上宏大。溜达了一圈再转回去，刚好。

此刻，人也越聚越多。

家长带小孩，青年学生结伴而行，似台湾似东北口音的游客，全都算是赶上了。"砰……砰……砰……"好几声额头碰到玻璃的声音在我耳边响起。纯粹被青铜器的美所吸引，人们迫不及待凑拢以便看得更清楚。游走的工作人员赶紧拿布和纸巾擦掉印子，以免扫了其他观赏者的兴致。

成都平原、关中平原、汉中平原三地的青铜器精品一起亮相，不是什么简单的陈列。一目了然的对比之中，几处地方文化之间相互借鉴影响的结果现在就呈现在面前。这就是特展主题、线索明晰的好处。被称为中国青铜器收藏界的"半壁江山"的上海博物馆的青铜器展厅之前我粗略地看过，器型精美硕大，藏品按类型用途分门别类。下雨天大清早，老外们排着队讲去，看得瞠目结舌，这就足够了。

成博特意借展的四川三星堆青铜纵目面具，表情奇特，让人印象深刻。而那些陕西宝鸡出土的铜人面盾饰之类的，表情夸张好笑。还有那些凤啊鸟啊的纹饰，都可以在对方那里找到类似的形态。

想起之前看到如此与众不同的三星堆文明时，还有人猜测古代中国是不是存在平行发展的文明。但三星堆和黄河河谷地区，应该还是早早就存在文化交流的可能性。这些带有浓厚地域色彩的青铜器，是几千年前秦岭附近几处平原已经产生联系的最好例证。那时候，秦统一六国还没发生，中国，还不是现在意义上的中国。

整个特展最受推崇的还是那只名叫"何尊"的青铜器，陕西出土，宝鸡青铜器博物馆的镇馆之宝，中国首批禁止出境文物之一。讲解员还会继续告诉你，上面铭文中的"宅兹中国"，是迄今为止最早的"中国"一词。亚伐方罍、铜人头像……早上挤进特展采访的媒体记者大概会在当天的晚间新闻里告诉你，它们也是价值连城的宝贝。

我惊喜于那些意想不到的小物件，陪葬的鱼形饰品，是青铜的。青铜小人，左边女性的发饰据说和墓葬主人一模一样。晚商到西周时期，那只更小、金沙遗址出土的铜鸟竟然比西周时期宝鸡的三足铜鸟更为立体。翅膀简化之后，神迹似乎也消失了。

还有那些马车上的配件，兽面的纹饰，令人不由得想起木心的那句"从前的锁也好看"。实物成了最好的教具，一个父亲不停地引导小孩思考，"为什么只留下这些青铜的东西？你想想，马是不是会死去，马车是不是木头做的，木头会怎样呀，会朽掉对不对……"小孩似懂非懂。

一件西周时期的铜禁，方方的，如箱子一般，太过少见。它其实也是一件酒具，盛酒的器具可以放在上面。纹饰繁复，如此讲究，成为盛大仪式的一部分也是必然。周朝不如商王朝有那么繁多的青铜铸造的酒器，以史为鉴，商纣王就是喝酒喝得亡国的。青铜器具，更多拿来烹煮肉食，也开始更多具有"礼器"的属性，成为国家管理制度的一部分。

尤其是鼎和簋，成了"明尊卑、别上下"的标志物品。谁陪葬的青铜器越多越华丽，生前地位也就越显赫。那些青铜器物之上的铭文，或歌功颂德，或单纯纪录大小事情。载体更易于保存的性质，使得今人对其上的内容着迷。不禁又想起了古希腊或者古巴比伦神庙中的那些刻着铭文的石碑，更易保存，更易树立威权。即使国度不同，基于通识，树立权威的出发点大概都是一样。

从最为熟知的鼎，再到鬲、甗、瓿、簋、爵、觚、斝、罍……看到这些文字都感觉自己像个文盲，幸好它们被注上了拼音。它们各有各的用途和使用规范，看过不少介绍，但依旧难以分辨。各种纹饰也实在繁复，火纹、饕餮纹……密密麻麻。贵重精美的器物，普通人大抵是无福享受，可配发给他们的青铜兵器，上面还是有着精细的纹饰，如符咒一般，像是祈愿必将置敌人于死地，完成各自口中的统一大业。

杀戮太过残忍，还是青铜编钟更为文雅。只是，看见它们脑海中便顿时觉得余音绕梁，和平时期才能静心享受音韵的美妙。此刻，谁又有心思关心它们是出自哪个大户人家，从哪个墓葬坑中出土……而秦朝到底是怎么加强对成都平原的统治的，对蜀地官员又是如何重视……这些都交给历史学家、考古学家吧。

四川美术馆

说来惭愧，之前我去过成都博物馆很多次，美术馆却不曾去过，尽管它就在博物馆隔壁。上周去了一趟，刚刚换上几场新展，这周找空又去了一趟，好像有点意思，至少类别丰富。

《局部》第二季里，陈丹青将大都会艺术博物馆习惯性地说成大都会美术馆，两者的界限大概并不是那么明晰。或者他是画家，大都会里的画他看得最不厌其烦。标准名字叫美术馆的地方，里面倒确确实实如这种场所诞生之初一样，主打画作，而且是以新近的为主。大抵不过百年，四川美术馆也是这样。画之外，点缀了些许雕塑、雕像，数量少到似乎没有开辟专门的、固定的展馆，一到四楼，至少那天我去的时候没看见，它们就在门廊通道之间。

《人民艺术家——齐白石》因为作者是赵树同而让人印象深刻，赵树同鼎鼎有名的还是在 20 世纪 60 年代主要参与的大型泥塑《收租院》。四川美术馆外面有一排小雕塑，其中一座是使用多种材质创作的建筑工人，也还有点意思。尤其从背后看，工人望着人民西路的车水马龙，莫名产生一种和周围环境对话的感觉——看，城市的高楼大厦有我们的参与。

新且巨大的馆内，刚刚结束的"入蜀方知画意浓"展规模宏大，连三楼的版画馆都被占用了。通透简洁、一目了然的布置，没有丝毫多余的点缀，画，当之无愧成为核心。顺着看便好，真的有笔墨的香味。但几乎都是两米乘两米的大幅画作，气势磅礴，看得眼花缭乱，一趟下来，记不住几幅，也实在难以印象深刻。

唯一能想起的是那些中国画恒定的主题，山水和人物，写实和写意。多了点时代主题，二维码和共享单车通通都入画。个别全幅是笑脸相迎的表情，看着实在觉得画家们真是各有各的创作意图和主题。

普通人一时半会儿是看不懂更多的技巧的，只知道凭感觉。看，这个鸭子画得还不错，很难说到底哪里好。或者有人会觉得根本就不好。"赵蕴玉——韵致的文人"一直要到九月才结束，藏在四楼，画都拿玻璃罩子隔开，可见其珍贵。

赵蕴玉是四川阆中人，师从张大千，他其中一幅知名的作品是《十二花神》，脸部只寥寥数笔，便显出婉约清丽的神韵。可惜当天只草草看得这一幅，就刚好到闭馆的时间。尺寸不大，但偏古旧的色调和神韵一眼让人着迷。另找了时间，要再去一趟。不算宽的馆内另一边是古代的仕女和风景。颜色古朴，更能让人心静。

一幅长轴的《寒林秋思》，画中三个古人抬头张望，人的视线也随之被引导着往上看，又高又密的树木，一片叶子也没有。树梢一窝鸟，隐约似乎能听得一两声凄凉的啼叫。另一边，主要是写生。同一个场景，草稿和成稿，人物的线条我看了半天也没有看出明显差别。大概是裤脚更直，成稿的头埋得没那么下。

"入蜀方知画意浓"撤展之后，神州版画室又开始陈列版画。有一年，这种简洁中稍带一团明亮色彩的版画成了爆款。2009 年，大家都在创作和地震有关的版画。钢铁的脚手架中立着古石像和古建的一角，冲突的味道显而易见。看了一圈，很喜欢阿鸽的那枚印章。也是运气好，一楼最大的那间展厅，和甘孜州文化艺术相关的展览在开展前一天刚巧被我遇到。提前溜进去看了一圈，浓烈的色彩，极具宗教和民族色彩。

《格萨尔王》古籍让人心生敬意，德格印经院的雕版印刷在现场可以直观感受。喜欢色达，喜欢川西自然和人文风情的，大概不能错过。逛美术馆看实物还是别有一番味道。对绘画小白来说，重要的是熏陶、感受，这不是看画册或电子图片可以实现的。

就拿一幅山水画来说，在线条、阴影和色彩的搭配之中，加入一些技巧，就有立体的感觉。或粗或细的线条，看了半天才反应过来，我为什么要死死地盯着这一局部看个不停，尽管什么也没看出来，这是一种只有在现场才有的难以替代、沉浸其中的感觉。在现场或冥想，或乘凉，都好。

生命奥秘博物馆

天府广场的周围挤满面向公众开放的文化空间，它的地下复杂，也有一处展馆可逛。插画家夏小茶的老公光诸是个喜欢暴走的人，从顺城大街的地下商场钻下去，可以一直穿行到天府广场下的商场，有天，他发现了这座神奇的博物馆。

门口摆着一只北极熊的标本，一半原样，一半解剖过，露出猩红的肌肉骨骼，以及那层厚厚的脂肪。它的下面还有一只小北极熊，据说得了肺炎而亡，通过对它的解剖找到病因，救活了它同患病的两个兄弟姐妹。

重口味和对动物的喜好，让光诸迫不及待地进去逛了逛。对于画画的人来说，这些展品是绝佳的素描对象，熟悉骨骼肌肉，是画画的基本功之一。无论动物馆还是人体馆，都有剥了皮的标本，肌肉、骨骼、动作更加直观地呈现在眼前，每一块肌肉都纹理清晰。"哪里去找这么好的肌肉。"在老公的说服下，夏小茶也加入博物馆标本的写生活动，"老老实实学习大自然的杰作。"

办了年卡，每次去都在下午，到了，夏小茶和光诸两人便找工作人员借来板凳专心对着那些标本绘画。先画动物，后来才敢去人体馆写生。人少的时候，夏小茶也怕，可专注之后就忘了。遇到胆小的小孩，家长还拿他俩做榜样："看到没有，别人都还在画，有什么好吓人的。"每次画五六个小时，可以是一整个标本，也可以是复杂的手和脚的局部，下午五六点出去吃一顿简餐，晚上又继续去"小剥皮博物馆"画。

"小剥皮博物馆"的正式名字叫生命奥秘博物馆，一共两个展馆，分为动物标本和人体标本。动物标本馆中，海洋动物和陆地动物都有。高大的马骨架和长颈鹿骨架，都有 7 节颈椎骨，只是长短不同。都拥有头和脊柱，青蛙和鱼都可以被称为"同源动物"。喜欢吸猫的人，不知道吸得下那副猫骨架不。猪蹄切片，菜市场可见不到这种刀工。还有很多牙齿，是属于鲨鱼的，一头鲨鱼，一生能够换上万颗牙齿。

羊的胃，马的盲肠。一半完整，一半剥了皮解剖过，"熊大"也被弄进来科普，它背个"小书包"，其实是解剖过后呈现出来的脂肪，拳头般宽厚，冬天借此御寒冬眠。珍稀的海洋生物在死亡之后，也被做成了标本。魔鬼鱼，披着巨大的毛毯，感觉它可以在水里飞。一只海豚被解剖开，看到它的内脏，确认其是哺乳动物无疑。海洋生物，哪些属于卵生，哪些属于胎生？这是我刚学到的知识，基本看三个方面：尾巴上下摇摆的是哺乳动物，左右摇摆的是鱼；鱼用鳃呼吸，哺乳动物用肺呼吸；哺乳类是胎生，鱼类是卵生。所以猜猜海马是什么？是鱼。各种生命，总能看到它们的相似性，没准，生物就是一步步这么起源进化来的吧。恐龙？没准真变成了鸟。

还是人体标本馆更让人毛骨悚然。本以为只是讲小孩不是从垃圾堆捡来的，是精子和卵子结合而成的。钻进去我却立马汗毛都竖了起来，灯光暗淡，一具具解剖塑形过的人体标本，出现在眼前。心肝脾肺肾、血管肠道，还有一片片均匀的人体切片……一具人体的骨架完整地挂在面前，除了眼睛，全是真人骨头。全都是拿来作科普教育用，不知为何，隐约中我还闻到了一丝护发素的味道。

不管这些人体被制作成什么造型，全部露出一块一块的肌肉、骨骼，有些还有肠子、心脏、肝肺。在哈佛大学，现在都还珍藏有用人皮做封面的图书。这就是另一种直观的科学和生命。无论动物还是人体，这些标本大多直接暴露在空气中，没有泡在玻璃罐子的福尔马林中。

所有这些标本都是采用塑化技术，将人体的水分和脂肪置换出来制作而成，少说也得花个一两年的时间。这种标本，比在福尔马林浸泡中的标本，更加易于保存和解剖研究，也比其他地方的传统标本更加立体生动，更适合科普。在制作的过程中，每个造型、部位，便按照呈现的需要一点点解剖露出。完成一具标本的解剖，据说会耗费一麻袋的手术刀。

黑色的点点，看起来就很恐怖。吸烟人的肺已经看过很多次了吧，对比再看一次也无妨。癌症成因复杂，保持健康的生活习惯，定期体检，总是没错的。一个是健康的肝脏，另一个"整容"变得很光滑亮晶晶了，以为很美，实际却是脂肪肝。再继续变化，成了石头般的样子，肝硬化就基本完蛋了。

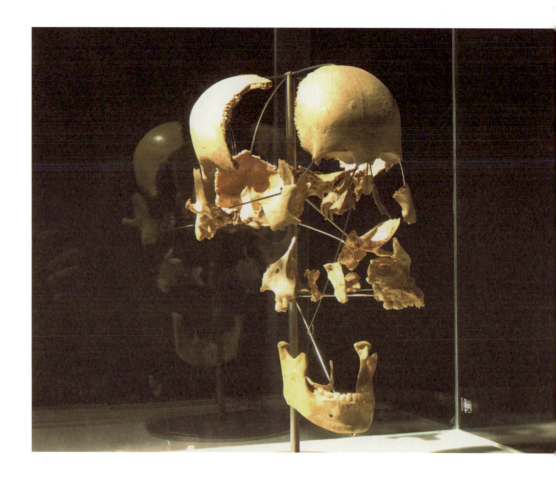

十多片人体切片组成的栏杆，能让你看清每一片纷繁复杂的纹理。核磁共振技术出现之前，在人过世之后，仔细研究每一片，可以发现人体组织精细的内部构造，也发现其中让他不幸死亡的病灶。就算是现在，有了发达的影像技术，实物标本也是了解人体解剖的重要参考资料。

镇馆之宝"大红人"没有骨头、没有皮肉，全是染过色的动脉血管，这也是真的。看起极其复杂精细，20多个科学家，做了3年多才完成。"危险三角区"绝不是危言耸听，染成黄色的脑血管和面部红色血管相连的那个三角形边上……直观的人体器官、病变组织，等参观到人体胚胎这一步，小孩子才终于知道，自己肯定不是捡来的了吧。

一个被称为"公主"的标本，看她解剖过后的肚子，才知道她腹中的胎儿也是不幸去世的。生育对女性来说从来都是一个重要挑战，稍有不慎，就出问题，这时候，也是一家人最紧张的时刻。男性在这个时候，更加地关心女性，实属必要。

逛这个博物馆，成人大气都不敢出，身边的小朋友也总是害怕、惊讶，但又充满敬畏。墙上贴满了他们稚嫩但美好的语句："我们要爱护自己，不要吃对身体有害的东西。""我觉得这些生 mìng 很 qí miào。"这些标本的启发，以及解剖学为我们带来的一系列思考，都是为了让我们更好了解自身，并善待万事万物。⬛

● 消逝的童年

成都人第一次去天府广场耍，要么是连着春熙路一同逛下来，要么就是到毛主席像背后的科技馆瞧瞧。尤其对小孩来说，科技馆是除了动物园之外另一个必去的地方，回家还得把当科学家的梦想写进小作文。科技馆是一个童年的缩影，我们一定还去过很多的公园。有的地方，现在还在，但形式和内涵已经变了。有些地方干脆就完全消失了。现在的小孩长大后，又会有怎样的童年记忆，难说。

四川科技馆

四川科技馆更新换代大半年之后我终于进去了。先前好几次路过临时要进去瞧瞧都进不去，只能微信关注他们公众号，网上预约门票。网上预约吧，每天还限量，下周六、周日早就显示预定已满，抢手。

科技馆我之前进去过三次。一次是去看展销会，一个小伙子卖剔衣服毛球的机器，当时少见，看着特神奇。高考之后还没填志愿那段时间，又去过一次，帮高中学校招生宣传。围着科技馆转悠，那招生老师教我们，看见家长小孩手里拿着各式宣传单，就上去送我们的口袋、画册，顺势帮他们把拎着的东西塞进我们的大口袋。让他们拎着我们的口袋溜达，全场都只露我们的名字，你想想是什么画面。

在三次中，只有一次是正儿八经地参观科技馆，那当然是学校统一组织去的。一帮同学一进去后就开始瞎跑，看什么都稀奇，每样都摸摸。听已经玩儿过的同学说有个通道神秘，黑黢黢钻进去还晕头晃脑，一伙人呼地又冲到讲宇宙的部分，争先恐后要钻那通道。通道具体在哪一层、哪个角落早已经忘记，什么数学公式、体现的物理原理，当然也早就忘得一干二净。唯一还记得的就是科技馆新奇，好玩，有无穷的奥秘，全是最基本朴素的感知。

有架可以看到天府广场的天文望远镜也总是让人念念不忘。重新开放时，绝大部分展品更新，再次进去，五颜六色种类不同的模型，还是让人觉得新奇、好玩。周五这种工作日都人潮涌动，四五岁的小朋友穿统一的白 T 恤，在家长的陪同下，每人都拎着一个便当口袋，浩浩荡荡。

一楼巨大的穹形空间，光是各式航天器就够玩儿上半天。模拟飞机降落、模拟宇宙飞船交会对接、模拟飞机在不同天气状况下的飞行……坐在驾驶舱里握着操纵杆，后面等得不耐烦的小朋友差点就要打起来。钻进太空舱的模型，"这个是他们用的马桶，这个柜子里装的是他们的食物，看他们是这样睡觉的……"直观的模型看着确实比在电视上看过瘾，走马观花，家长自个儿就是导游，照着说明牌——正确念出名字给小孩听就对了。

改造之后的科技馆，除了展品随发展更新，最重要的升级就是理念的更新，突出参与感，让参观者能够直观感受，几乎所有装置都可亲自动手体验。骑 360 度的自行车看看克服地球引力到底是什么感觉。在火星上一个人的体重到底会变成多少？现在的机器到底有多聪明？不妨和它下一盘棋，或者让它快速还原魔方。和它玩儿石头剪刀布，我一次都没有赢……虚拟现实技术下的瓢虫被投影到地上，每个小孩都想把它们踩死。

那些大型的和电力有关的装置，我都没赶上演示的时间段，看说明大概知道有个法拉第笼，从外面接上高压电，里面的人随便触摸就是不会被电伤，高压电检修工人的衣服就是采用的这个原理。大的小的知识，日常的或者看起来特高深的，生物、能源、交通……下到锁的结构，每种饮料到底是由什么构成的，你到底能不能给垃圾正确分类……上到核反应堆，汽车的原理，基因遗传，未来自己的孩子会不会是双眼皮……都在这些装置、交互装置中得以呈现。

不像文学有华丽的辞藻让人深受感染，日常一看就晕头转向的公式符号，也变得可视和有趣，散发另一种美。杠杆原理，原来一个人也可以吊起一辆汽车。依靠滑轮，一个人的确是可以自己把自己拉起来的……一到三层，都是展馆。四楼现在变成了创客中心，入驻了不少和小孩兴趣有关的培训机构，还有家书店也在四楼。

仔细逛科技馆，一整天都逛不完，每到一层，我都特别留意靠近天府广场一侧的布置，总想找到曾经的那架天文望远镜。以前透过它可以远远地、清晰地看到天府广场的人物、景致。每个人都争着要望一望。不知道是不是被淘汰了，我一直都没有看到。不甘心，问了一个看护电梯的安保大哥，他也说没有了。

芙蓉古城

关于科技馆的小遗憾，只有下次再去努力弥补。但曾经一度很喜欢进去玩耍的芙蓉古城，已经不能以游客的身份进入。尽管百科上还写着温江的芙蓉古城是个怎么了不得的景点，时不时微博上还有人推荐，但我很多年前就知道，芙蓉古城早就不对外开放了。

弄不清楚状况，慕名前往的人总会被保安拦在外面，"私家住宅，非请勿入"，白跑一趟。他们总是气得要在马蜂窝上声讨一番："既然不是景点，就不要再误导大家。"这是一个在温江的庞大中式别墅群，离电子科大和锦城学院都不算远。

买不起，但我也在里面耍过一阵，至今仍有不错的记忆。那阵芙蓉古城还对外开放，确实像一个景点般的存在，连门票都不要。〇几年的事情，一个春节假期，闲来无事，隔壁邻居邀约我们去"皇城公园"玩耍。她也是听别人说的这个地方，新修起来，大概也可以去看个新奇，然后我们一家就和他们一家一起去了。

一路问过去，别人才告诉我们哪有什么"皇城公园"，只有芙蓉古城。古城里面倒是有一个"皇城"。我还记得那阵的新闻，也可能是广告，说芙蓉古城一年有数十万的参观量，也算很惊人的数字了。仿照成都曾经的皇城修筑，但也有别的古建筑风格。我之后又听我们家一个做设计的租客说，"芙蓉古城还得过大奖的。"

见过太多的仿古建筑，我对这里的建筑还算有好感。大气的牌坊，几个园子几种风格，浓缩为一处，有马头墙，有斗拱……红配黄，就是《延禧攻略》片头的那种色调，屋脊兽都有，就是过于圆润了些。巨大的芭蕉配灰墙，不是密密麻麻排列，每个小景都算精致。和我去江南水乡看过的那些其实差不了太远，只不过芙蓉古城有别墅的标签，是实实在在的商品。

每隔一段时间突然想起芙蓉古城，我就又想进去转悠一下，绕着附近转圈圈，心里总想的是，万一有哪个保安准许我进去。很多都是以往记忆中的景象，就像我还记得我在芙蓉古城里面的坡地大草坪上打过滚，撞落一片红梅花瓣。那些有神兽护院的宅子上挂着的对联，我一个都记不到。叫"皇城"的那座居于中心的建筑里，我记得里面还举办过拍卖会。七八只猛虎的画作，最后落锤不过七八百，我当时就在想，好像不是想象中的那么贵，那么多虎多难画啊！

现在的我，只能在围墙和绿树周围转悠，透过角落想象一下里面是怎样一个样子。这周围实在没什么配套设施。没了曾经的游客，空地上，附近的居民光明正大地晒着稻谷，并不会妨碍着谁。还有那个美术馆，看起来也像是很久都没有开门了。

还有豪车开进开出，我穿过梧桐小道，突然瞧见一栋大楼，直挺挺地耸立，比别的都高。原来省消防学校就在隔壁，站在那栋楼上一定可以看到芙蓉古城里面的一点一滴。

成飞公园

人民公园我其实不常去。当我还被允许过六一儿童节的时候，上午在学校表演完节目，下午最爱去 132 厂的成飞公园。舅舅搭载着我和妹妹去成飞公园玩用面粉钓小金鱼的游戏，大人则用大鱼竿在更大的池塘里钓可以吃的鱼。

成飞公园是成飞集团专门为职工修建的公园，最早叫峨眉公园，外人其实也可以进去。前些天，我再次从那条铁轨穿过，一直往前走，路过大门踏进 132 厂的片区，前往成飞公园，不自觉地便感觉到国营大厂的严肃。或许是墙上那些浮雕给了我这种印象，也可能是那些口号标语。下班时间，132 厂其实是轻松的，三三两两穿着蓝色制服的工人骑着自行车出大门，是青春怀旧电影里的那种场景。

132 厂有厂、有小区、有学校、有综合市场、有体育馆、有医院、有公园……只差一个火葬场。高墙中的厂区，红砖的住宅区，每条路都窄窄的，橘红色路灯的光芒被黄葛树、梧桐、小叶榕遮挡得更加暗淡。成飞公园附近的道路命名有意思，横起的叫纬路，竖起的叫经路。也有例外，经三路有一节是竖起的，路的尽头正是成飞公园大门。

没想到在原来的框架下又重新装饰了一番，整个成飞公园都翻新扩大了。以前，是个老旧的大铁门，我们最爱把自行车寄放在大门右手边的那棵树下，一排排自行车停在路边林荫下，颇为壮观。那个年代，全中国都流行自行车。翻新过的成飞公园变得更加现代，我实在是找不到什么别的词来形容。一条水沟大概是取代了围墙的作用，公园显得更加空旷明亮。

前园快开辟成了成飞历史陈列馆，一架歼七飞机摆在公园里展览，还有一架飞机似乎正要从平台上起飞。一些老旧的零件机器被涂上红色，列成一排展出，歼五、歼七好多零件就是在这些机器上做成的。这块地，以前是个小池塘，上面一座桥，下面小荷花盛开，站在桥中心，稍微有居高临下的感觉，驱使每个小朋友都要反反复复走过去。新修起来的池塘，以前不属于成飞公园的范围，大概是植物园的位置，雄蛙鼓动起鸣囊，发出呱呱声在求偶。

树林里绕圈的小火车没有了，新添了一些游乐设施，外人 10 元，集团职工半价。游乐设施关门之后，家长带着小孩在新修的滑梯和沙堆里玩耍。没有几个人再去曾经最受欢迎的孔雀大滑梯玩耍。大滑梯的中间是步梯，可从两边滑下。现在已经变得很孤单。我还是对那些老游乐设施更有感触。

成飞公园标志性的十二生肖铜像还在，颜色深沉，被一代又一代的人摸出了包浆。坐在这个空中自行车上，公园的角落一览无余。现在坐在上面，已经没有当年的感觉。以前，大人们也总爱坐在不知是七里香还是紫藤的架子下乘凉嗑瓜子。现在，中老年人只喜欢绕着公园消消食，或者在小空地上跳跳广场舞，偶有一个老头在打着太极。

出了公园往回走，学完跆拳道的小姑娘跟母亲走在回家的路上，走一段便停下来练着新学的招式。吃过饭的年轻人在灯光球场打着篮球。航模店的老板也悠闲地躺在椅子上。路口一个卖西瓜的大叔，张望着有谁光临，生意难做。一位母亲和她的丈夫换过手，推着双胞胎小孩一直往前走，嘴里教着他们说话，咿咿呀呀。

当然，路上也有很多晚上出来散步的老人，或许是些退休职工？他们走到广场上跳起了交谊舞，声音没有想象中的那么嘈杂。当我再次穿过那条应该是通往厂区的铁轨时，一节火车正好缓慢开过。杆起杆落，原来这不是条废弃的铁轨。

南郊公园

我从小生活在成都郊区，没去南郊公园玩过。朋友木马之前长期生活在南郊公园附近，说我可以去那儿逛逛。当年，他们经常翻进公园去玩耍。节省下来的两块钱门票，又可以去大门口吃蛋烘糕和电烤羊肉串了。

南郊公园的风头，早就被锦里、武侯祠给盖住了。以往，学校组织春游，除了塔子山和人民公园，最爱去的就是南郊公园。当年在公园里，每个人都要和古老的石狮子合影，也要坐在公园游乐区域的石斑马、石老虎或者石狮子上拍照。最爱的还是那个龙柱形的奢华梭梭板，一条龙缠绕其中，呈螺旋纹，视觉夸张，看起来有好几层。

这条龙，似乎是那个年代成都最高级的梭梭板，可以和孔雀梭梭板媲美。转转龙梭梭板玩起来并不容易，每次都要费一番工夫从中间爬上去，小朋友一个接一个地下，经常都要被后面的踢屁股。都知道转转龙梭梭板不太滑，每次都要自己使劲才能往下滑，但小孩还是爱得不行。不然，南郊公园除了这个，也没别的更好耍的。

小孩一听说又去南郊公园春游，通常都是一顿抱怨。木马说得起劲，但我的第一反应是南郊公园在哪儿？当说起就在武侯祠旁边，不要门票，我蒙了。武侯祠边上还有个公园？之前都没听说过。至少对于很多成都"90后"来说，南郊公园已经变得相当陌生了。

对于很多"70后""80后"来说，随着游乐设施的拆除，南郊公园也早就大变了样。有阵子，据说还成了停车场。虽然是和锦里、武侯祠一起的，但越往南郊公园里面走，越冷清，仿佛是另一个世界。

这座始建于 1941 年的园子，是刘湘的墓园。1953 年，改名南郊公园。传统中国式的朱红色大门，由两座石狮子守护着。进了大门，一条宽阔的石板路，两旁是一棵棵柏树，再靠边上，是小树林，也是柏树居多，楠木穿插其间。

除了树，整个南郊公园中轴线的布局，上面依次排列几栋朱红色的建筑，牌坊门、旌忠门……也使得气派肃穆的感觉一下子显露无遗。估计是墓园的缘故，南郊公园里有大片的绿色，鲜艳的花很少，木芙蓉、七里香在这个季节，都只是绿绿的叶子。再过一阵，古柳的叶子怕是要掉光了。大柳树就在湖边。

以前就有湖，可以在上面荡起双桨，看着小船儿推开波浪。现在公园里，稀拉的几个人，水吧、茶馆生意清淡，老年人带着自己的水果，在长廊下面歇息乘凉，或者看着报纸。带小孩的家长，则盯着小孩喂湖里面灰黑色的鱼。红色的鲤鱼，看不见两条，配合了整个色调。

更多的人都在一旁的武侯祠和锦里转悠。"夕阳红"团，在导游的催促中，连武侯祠里面都不能多待片刻；逛锦里的，也只愿意跟着人群，在小店间穿过一遍又一遍。有人随着锦里的岔路，穿进了南郊公园，没想到当年的川军将领刘湘就埋在这个地方，眼里满是惊奇。走上台阶，三三两两的游人，在刘湘墓前伫立一两分钟，拍照之间再谈论两句历史。

整个南郊公园墓地所在的位置，是由刘湘的下属选定。整个墓园仿照北京清陵的风格建造，是在时任南京工学院建筑系主任的杨廷宝教授的主持下，边设计边修建完成的。刘湘的葬礼当然隆重，张群、张澜等人亲手在墓园中栽种柏树。当时的牌匾、石碑也众多，尤以一块 10 米高的汉白玉石碑为最。后来，大多都不在了，和刘湘的尸骨一样。

除了儿童游玩的设施，当时的公园还要容纳一些冰糕、豆花儿、糖油果子和凉拌大头菜等食品摊点，以及群众喜闻乐见的"博彩性"项目，如转糖饼儿和套圈等。不过这又有什么关系呢？将军舍命出川抗击日寇，不正是为了让人民享受和平与快乐吗？而这一切恰恰都在南郊公园得到了体现。

墓园与乐园和谐共处，是成都很多老公园的特色，并非南郊公园的专利。刘备的惠陵就位于隔壁的武侯祠。青羊宫旁边的文化公园，园内就有十二桥烈士陵园。

当公园选择和陵园结合，大概也说明了当时公园绿地的稀缺，要单独筹建一个，代价不菲。现在的情况，当然是好很多了，公园就在成都街头，就在三环绿道之中。现在的小孩长大之后，不知道还记不记得，赞不赞同这属于他们童年美好的一部分。🔲

● 寻宝三环边

在前些年的紧锣密鼓建设中，成都三环路改造好了。路看起来更宽，也多了高架。一切都很新，两侧几十米宽的绿道，是如今成都难以忽视的存在。绿道亮眼，各节点有各节点的风格，三环本身就成了一个巨大的耍处。在三环50.89 公里的范围之内，某些节点，更是隐藏着好耍的宝藏。

成都当代影像馆

西北方位，就在华侨城斜对面，府河摄影公园正式对外开放。有大块草坪、绿道和果绿色的凉亭，旁边一座长满墨绿爬山虎的欧式建筑很打眼。筹备了几年的成都当代影像馆终于正式开馆，我有幸进去逛了逛。当天塞巴斯提奥·萨尔加多和夫人莱莉娅·瓦尼克·萨尔加多也在现场，我们并没有"say hello"，你没看错，这位萨尔加多就是第 87 届奥斯卡最佳纪录长片提名、豆瓣 9.2 分传记电影《地球之盐》里的那位萨尔加多。

他平静却又激起人内心波澜的作品只是馆中的一部分。传奇摄影师亨利·卡蒂埃·布列松，"置景摄影"代表人物贝尔纳·弗孔等人的作品，也在这里展出，这几乎是国内最大规模的展出。如果有年卡的话，我想我会考虑办一张。

像我这样的普通观众、普通艺术爱好者，对以上人名和他们在摄影方面的才华，都是在那天看过他们的展览作品之后才有更深印象，也开始有兴趣了解更多关于他们本人的故事。从某种程度而言，他们的图像所传递的信息已经远远超过他们本人的名望。换句话说，在这些惊世骇俗的摄影作品面前，由谁拍出暂时变得没有那么重要。

那些影像就在你面前陈列着，你可以看清每一个细节，身体突然颤动了一下，就是那种最原始的冲击。萨尔加多的展览是由他的夫人莱莉娅策展的，知夫莫若妻，整个展览的节奏和氛围都没有跑偏。展出作品包括萨尔加多从20世纪80年代到最近在亚马孙丛林的拍摄，都是他横跨四十年摄影生涯的经典之作。

一走进展馆你就能感受到那种难以言状的冷静和残酷，萨尔加多总是去到那些落后的、人迹罕至的地方。无论是拍非洲的难民，还是科威特石油的场景，抑或是巨型轮船下水……将那些不曾被关注的人群大量带入更多人眼中，他镜头中的每一双眼睛都缺乏激情，每一张脸仿佛都写满心如死灰。这些拍摄于20世纪七八十年代的照片，总是逃不掉这几个关键词——贫穷、饥饿、无助，甚至还带着一点绝望。

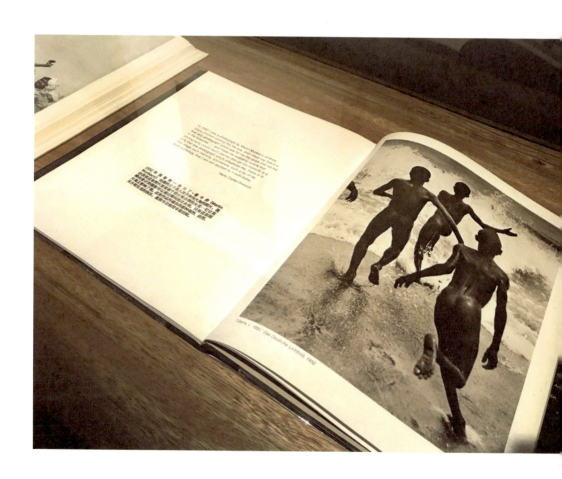

In 1930 I saw a photograph by Martin Munkácsi of three young children running into the sea, and the wave and the physical delight of that moment struck me so that photograph was made the reality and meaning of photography for me. There is in that picture such intensity, spontaneity, such a joy of life, such a prodigy, that I am still dazzled by it even today.

Henri Cartier-Bresson

1930年我看到一张马丁·孟卡西的摄影作品，三个孩子奔向大海，那股海浪和那种肉体上的愉悦让我震撼，那张照片向我揭示了摄影的真谛与意义。那张照片有一种强烈感、一种自发性，一种生活的愉悦，一种奇迹，直到今日我仍然为它着迷。

亨利·卡蒂埃-布列松

Liberia, c. 1930 · Das Deutsche Lichtbild, 1932

这些画面其实也堆砌出了那个年代的色调——灰暗，带着一丝荒诞。就连在萨尔加多的出生地巴西，他拍摄的他摄影生涯中相当著名的金矿，其实依旧充满苦难。超过 5 万人在其中劳作，幻想被上天眷顾发一笔横财，挖出一整袋金子。萨尔加多不仅仅是一个成功的人文摄影师，甚至你在他的风光摄影中也能感受到他那种对人类和世界充满同情的目光。

萨尔加多镜头中的每束光都充满神性。馆中的灯光，相纸的质感和照片的尺寸，甚至空气的气味，都让我的感受成倍增加。我还是想再说说他所拍摄的人物的眼睛，每双眼睛都意味深长，直击人心，令人无法逃脱，就是要你正视这个世界长久以来被很多人忽视的另一种真实。那种穿透力，我只是第一次观看就被震撼到了。

目前在成都当代影像馆一共有 7 个展览。除了萨尔加多的展览，传奇摄影师亨利·卡蒂埃·布列松在另一个展馆，里面展出了布列松在 1931 年至 1938 年期间完成的作品。但凡对摄影史稍微有点了解的人不会不知道布列松的名字，他也是"现代新闻摄影之父"。年辰久远，图片的尺寸不见得大，小小一幅配上手写体的图说，是法国人特有的精致，我很喜欢。

他镜头中不管是西班牙还是法国，除了平静还是平静。干净的构图，几何图案用得恰到好处，甚至光影在他的镜头中呈现出来的线条的感觉，也与众不同。馆中陈列的所有照片都传递着布列松所开创的"决定性瞬间理论"，这个理论至今影响深远。我初次看下来，似乎也能很快把握"决定性瞬间"的精髓——抓拍，布列松的照片充满动态。

看似随手抓拍，但绝大多数的场景都构图精巧，有独属于布列松的味道，这可能也是他被称为大师的原因之一。很多人看他的个别照片，会觉得也很普通，比如那张河边野餐。但如果知道一点背景，1936 年左派在法国掌权，法国人民阵线诞生，多项社会法律被公投通过，包括规定所有劳动者可以有两周的带薪假期。普通人能够更加放松地享受生活、享受休假，这样的瞬间，是对当时历史的记录和注脚。

其实，当 1937 年英国乔治六世举行加冕典礼，世界各国的摄影记者大都把注意力集中在富丽堂皇的仪仗队上，布列松注意的却是马路上的芸芸众生，这就已经使他与众不同。当然，布列松的人物摄影也是一绝，馆中有不少。他为加缪所拍摄的肖像是其中之一，突然想起很多和加缪有关的出版物上使用了那张经典照片。

一个展厅一个代表性摄影家的风格。火焰，人的模型，这些人以小男孩为主，看不出明显的性特征，显示一种纯真和质朴。早已经符号化的特点，让你很快能辨别出什么是贝尔纳·弗孔的摄影风格。明快的充满欧式的色彩，森林、野餐。弗孔是"置景摄影"的代表人物，馆中陈列的是他 1976 年到 1995 年期间创作的《悠长假期》《可能变迁的时光》《爱之屋》等 7 个系列作品。

每张照片都有戏剧化的效果，假人的表情类似，但每张又都意味不同，难以捉摸。我很喜欢。似乎现在很多手机壳背后印着的图案都属于"置景摄影"的代表，搞怪也荒诞。

展厅中还有一处特别的空间，里面 1：1 还原了弗孔在家乡普罗旺斯的小木屋里陈设的所有物品。里面铺陈了各种东西，餐桌、烛台……似乎容不下一只脚，也像是很多电影的场景，类似《哈利波特》。我真的相当中意那间房间所散发出来的味道，一种说不出来的让人愉快的味道，应该也是弗孔家乡小木屋的味道。

私以为，仅仅是那三位摄影家的展馆就已经值回票价。还有一个馆和四川和成都有关，是摄影家陈锦、李杰联合展出的"出世·入世"。展览一半是川剧脸谱，用艺术装置的东西来呈现，镜面变幻，这是另一种影像的表达；另一半是拍摄的成都老茶馆的照片。有老虎灶，起蛛网的老房子，让人很怀念那个还有很多茶馆、成都人喜欢拎着鸟笼去喝茶的时代。

可是那个年代茶客的眼神，和现在鹤鸣茶馆里喝茶那些人的眼神截然不同，就又很难讲清内心的情绪。喝茶，真的是成都人的一日三餐，日常中的日常，无关悲喜。摄影艺术家钟维兴"Face to Face 面对面"的先贤祠系列作品展在另一个馆，里面更加偏向用现代科技来呈现影像，包括投影、三维等等。一个房间里头顶上全是电子屏幕，拍照还挺有感觉。

来不及去看中国艺术摄影学会"一带一路"主题摄影展，里面有来自全球 34 位摄影艺术家的作品。在另一个很重要的馆展出的 2019 首届金熊猫摄影艺术奖作品，看起来有双年展某个分馆的感觉。里面有马良、刘铮、张大力、张克纯、张巍、张晓、洪浩、金平、宗宁、缪晓春十位杰出摄影艺术家的作品，涵盖影像、装置、绘画艺术等形态。每个人的特色都很鲜明，我很喜欢那个扫描的作品《我的东西》。全是各种各样的生活物品，发票、商标、书籍……最后构成的色彩和图案，每个人看了都想拍一张。

张克纯让人过目不忘的《煤场里的佛像》很早就在网上流传，也挂在展厅一边。那天张克纯得了首届金熊猫摄影艺术比赛中最大的那个奖。40 岁不到，张克纯上台的时候看起来依旧很年轻，有点拘谨，不知所措。在自己的作品前向参观的人介绍时也很谦逊，慕名合影者不少。不像艺术家，也不像"老法师"，和他充满留白的作品一样让人印象深刻。

这七个展览看下来我的感受大致就是如此，更适合普通人参考。如果天气不错，府河摄影公园和成都当代影像馆一日游的安排也很恰当。

凤凰山公园

纯粹喜欢自然，又不想距离市区太远，凤凰山公园会是一个合适的选择。在两三年前密集的媒体宣传中，凤凰山公园的名字已经让人熟悉。但真正去逛，还是头一次，位置实在还是有点偏。当我骑着山地车到公园门口的时候，连一个有人看守的停车点都找不到。守公园的大叔也是耿直，直接告诉我另一个大门也没有，配套还有待完善。没法，多骑了3公里，在富森美找了个车棚寄好车，又骑着共享单车返回公园。

标准的新新公园，大致上是比得上东边十陵的青龙湖。这边埋葬有朱元璋的孙子。没有湿地，最多一两个小湖，凤凰山的看点是山丘和树景。起伏回环的林间小道，走路爬坡上坎。新崭崭灰黑的柏油马路，晨跑最好。遛狗，人与狗一起撒欢，也好。槐树叶子黄了一地，小小的枫叶，也开始变红。几栋不知何用的建筑，矗立在坡地之上。

破了玻璃，堆了灰尘。白的墙，窗户几扇打开，一排两排，文艺了。要是站在屋顶的平台之上，帅酷拍照，感觉又会有一场《无间道》的大戏上演。望下去，都又一目了然，像蝼蚁一样小的情侣，牵着手往前，不时扭头嬉笑两句。虽然是一个天气好的周末，但其实凤凰山公园里也不见得有多少人。或许是公园还算大，人又都分散开了。和人民公园等中心区域的老公园相比，凤凰山公园的视野更宽阔、不拘谨，要清爽许多。

听得见风吹落叶，徐徐旋转落地的声音，也听得见小情侣坐在一边，相互咬耳朵的声音，如果，我是说如果头顶没有那些绕圈圈的直升机。这可能是老年人不会来凤凰山集体大合唱，也不会来跳广场舞的一个重要原因。声音，比不过直升机的，这多扫兴啊。

所以，这成了年轻人、带小孩的家长的宝地。绿的山坡上，支起几顶小帐篷，呼吸着新鲜空气，躺着舒坦。劲来了，又钻出来奔跑打闹，吹一串泡泡，放放风筝，地方实在宽敞。带小孩的家长，扎堆在公共游乐设施处。依据山坡修建的梭梭板，一个接一个，等着滑下去。除了门口为数不多的小摊小贩，以及少数混进公园的豆花冰淇淋，凤凰山公园里面没有什么商业。

从别处迁来的金泉寺，似乎还在打整收尾阶段，只能由人借地卖点玩具零食，喝碗清茶。喝茶，似乎还是要去至真观，也是在凤凰山公园里，环境更佳。隐藏在密林的边上，借着秋景，银杏黄了叶，滋味情调都还不错。凤凰山公园，大概还是可以常去呼吸一下负氧离子的。这里除了蜀王的墓，也是刘备骑马射箭的地方，不会太差的。 🄣

● 水凼凼，耍得欢
SHUIDANGDANG, SHUADEHUAN

我周围的很多朋友不止一次地幻想过，要是成都能有一片海，那该多棒。成都什么都好，就只差一片海。抱着对海的热爱，泰国的众多海岛成了成都人的后花园。退而求其次，这么几年间，成都有了很多湖和湿地，调节夏季的雨水，发挥灌溉的作用，生态更好之后，那就有更多可以想象的空间。

我还是喜欢称呼成都的湖和湿地为"水凼凼"，虽然水凼凼这个词在成都话中，只是指很小的水坑，粗犷到没有讲究。但这个名字，更接地气，有最简单的偏向于自娱自乐的精神。成都的很多湖，也正是从以前的很小、不起眼，变成了现在的全城关注，成了人们新的休闲去处。

鹿溪河流过的兴隆湖，整个湖面 5000 多亩，这早已成了成都天府新区的代表之一；环球中心附近的锦城湖，成了成都夜跑爱好者的圣地；崇州的桤木河湿地，水面上的黄色植物，像是在水边的绿色中镶了一条金边，一直是网红般的存在，成都人总要特意去看。

喜欢烧烤、露营，往彭州的莲花湖水库跑，湖边的小路长满茂盛的竹子，有川西人家林盘的浓厚感觉。湖中间还有很多小山小岛，倒映在水中。下午临近晚间，成群的白鹭飞回林间休息。近一点，春天的青龙湖，超过 5000 株樱花开了又落。全球仅有 500 只的极危物种青头潜鸭、世界上体型最小的棉凫鸭等也开始在青龙湖出现。

涵养了超过 10 年才造就了现在青龙湖的生态。绕城边上六大湿地之一的金沙农田湿地，谁能想象它也是因为一条河一片水域，才形成现在的规模，并且也成为成都庞大绿道系统的一部分。

金沙农田湿地

"天府绿道长达 16930 公里。"说起来，这数字连我自己都震惊了。成都到拉萨，也不过 2000 公里出头。弯弯曲曲，大大小小，可见成都的绿道是有多密集多庞大。我住西边，爱去芙蓉大道的绿道溜达。路宽车少，两边要么是低密的别墅，要么是待建的空地，视野通透、舒服。顺便，还可绕进金沙农田湿地里晒晒太阳。

绕城之内的乡土田园风，现在已经很少见了。金沙农田湿就藏在往温江方向的右侧，过桥便是。偌大的水塘，路过之人没有谁不瞧上一眼，或者干脆停车。尤其是在开春季节，水变得丰盈，树木发出浅黄色的芽，青油菜、红油菜，随着气温的回暖，也到了冒薹开花的时刻。温江本地的蒜薹，还只是蒜苗，要过些日子才会大量上市。收获之后，下一季该种稻谷。

水塘中的鱼一年四季都可垂钓，数量算不得多。大叔大爷背着钓具，沿岸边团团围住，晚上回家能不能加个菜，全靠运气。望着一汪碧水，摩托车停在一边，一对夫妻（或是兄妹）就在椅子上闲聊，看凳子下保温杯的架势，他们似乎是会晒很久的太阳了。

趁着好天气，蜜蜂也在野花和油菜花之间飞舞。不知名的小雀，八只十只地飞到芦苇的穗子上觅食，这身子到底是有多轻巧，竟也没有压得穗子直直往下坠。湛蓝的天空中，有树木还没有抽芽，只剩下干果子挂在枝头，似乎是棵酸枣树？野生的，一直生长在此处，看样子是。

柏油路和土石小路相互补充。树木有规整过，但大多还是不知名，杂乱地遍布田坎，充斥着浓郁乡野味道。说起来，很多年前，我从这里路过的时候还是一片荒芜，村子搬迁之后，那些空地上的菜蔬，是周边农户自家捡来，而趁着空窗期栽种的。

水塘，那时候比现在还更加原生态，似乎是那种川西乡下常见的烂鱼塘。后来荒芜，倒也继续蓄水成了景，多了一份娟秀和灵气。这么一个随来随去，可步行可骑车的田野湿地，可比人造的公园亲切自在多了。

升仙湖

很多人还没习惯金沙农田湿地的名字，城北的升仙湖，却早已人尽皆知。附近有座山叫升仙山，也就是现在的凤凰山。山上流下的水叫升仙水，水流到低洼处聚成的湖叫升仙湖，传说张伯子就是在这里的水面升仙的。很多人其实是看到一号线有个站叫升仙湖站才反应过来，原来成都还有一个升仙湖。

也不能怪谁，虽然这个湖的名字背后有典故、内涵，但升仙湖毕竟是当时修地铁的时候将沙河改道引流，才兴建起来的人工湖。"升仙湖到了"，听到这个报站总是忍不住会心一笑，笑过之后还是会觉得有点诗情画意。不过要是看到实景，给人的第一感觉是比不上锦城湖、兴隆湖之类的洋气。湖心有几座小丘模样的孤岛，升仙湖的气质其实也和北门很像，充满旧旧的烟火气。

整个湖被一条路给分割成一大一小两块，觉得从中穿过很爽？好像湖面也并没有开阔到那个程度；它也被几条城市高架环绕，走在下面给人略阴暗的感觉；况且周围还在改造建设。要是再多往升仙湖旁边的小巷子一拐，行道树还是以前的老品种，偶尔能见到上面的红色花朵；楼顶上有绿色球形水箱的老小区，沿街铺面有面条店、棉絮店和众多的电瓶车修理店，再往前走，小河沟边上全是打牌喝茶的人。

旁边围栏里有亭子模样的奇怪建筑，绕到水武街我才发现这应该是个有点年代的警局。刚开始还狐疑这条路能不能绕回升仙湖，没想到尽头就是。与此同时，一阵管乐演奏的"我和我的祖国，一刻也不能分割……"传入耳朵。除了湖边的老年演奏队，跑步的年轻人、遛狗的情侣断续从湖边绿道通过……湖边更多的其实还是小孩，自行结对或与家长相伴，每个人手里都拿着一只网兜，这边舀完了又蹦蹦跳跳跑到另一边继续。

小鱼儿或者小蝌蚪都是争夺的对象，甚至还有泥鳅黄鳝。有人专挑螺蛳，黑乎乎已经装了半口袋。鱼和蛙开始繁殖，湖边也早就春暖花开，粉白的樱花，紫叶李的花更红。湖边铺张垫子野餐的人看起来最会享受，背着双肩包的学生散发的恋爱味道也让人觉得时光真好……并不总是春风得意，笑脸之下谈论的要是搬家小孩上学不方便的话题，其实心事重重。

很快绕完湖，再看一眼紧邻的沙河，迎春花开得正耀眼，突然有鸟从中飞出抖落一片花瓣，那种惊喜感，和看到另一些鸟在湖面扑腾出一条水线所带来的惊喜感一样。那些整齐一排的水杉的新绿，其实一点也不输河边杨柳的"绿丝绦"。

走着走着，看着看着，突然你就忘了升仙湖周围的大环境，刚刚你才穿过了一条多么市井的小巷子。如果离家不远，有这么一片湖，新新旧旧，不论怎样其实都还是挺好的。🔲

图书在版编目（CIP）数据

乱逛 / 谈资主编 . -- 成都 : 成都时代出版社，

2020.5

（@ 成都）

ISBN 978-7-5464-2561-0

Ⅰ . ①乱… Ⅱ . ①谈… Ⅲ . ①地方文化 - 成都 Ⅳ .

① G127.711

中国版本图书馆 CIP 数据核字（2020）第 041581 号

乱逛
LUAN GUANG

谈资　主编

出 品 人　李若锋

责任编辑　李　佳

责任校对　李卫平

责任印制　张　露

封面设计　郭　映

装帧设计　成都九天众和

出版发行　成都时代出版社

电　　话　（028）86742352（编辑部）

　　　　　（028）86615250（发行部）

网　　址　www.chengdusd.com

印　　刷　成都市金雅迪彩色印刷有限公司

规　　格　170mm×220mm

印　　张　11.75

字　　数　240 千

版　　次　2020 年 5 月第 1 版

印　　次　2020 年 5 月第 1 次印刷

书　　号　ISBN 978-7-5464-2561-0

定　　价　58.00 元